D0937669

Guide d'élaboration
d'un projet de recherche

Gordon Mace
et
François Petry

Guide d'élaboration
d'un projet de recherche

LES PRESSES DE L'UNIVERSITÉ LAVAL
Québec, 2000

Les Presses de l'Université Laval reçoivent chaque année du Conseil des Arts du Canada et de la Société de développement des entreprises culturelles du Québec une aide financière pour l'ensemble de leur programme de publication.

Nous reconnaissons l'aide financière du gouvernement du Canada par l'entremise de son Programme d'aide au développement de l'industrie de l'édition (PADIÉ) pour nos activités d'édition.

Données de catalogage avant publication (Canada)

Mace, Gordon

    Guide d'élaboration d'un projet de recherche

    Comprend des références bibliographiques
    Publ. en collab. avec : De Boeck.

    ISBN 2-7637-7704-X

    1. Rapports – Rédaction. 2. Recherche. 3. Recherche – Méthodologie. I. Petry, François. II. Titre.

    LB2369.M3 2000   001.4   C00-940987-4

Dans cet ouvrage, nous avons utilisé le genre masculin dans l'ultime but d'alléger le texte. Il ne faut donc y voir aucune discrimination.

Révision linguistique : Solange Deschênes
Mise en pages : Francine Brisson
Maquette de couverture : Chantal Santerre

© LES PRESSES DE L'UNIVERSITÉ LAVAL 2000
Tous droits réservés. Imprimé au Canada

Dépôt légal 2ᵉ trimestre 2000
ISBN 2-7637-7704-X
8ᵉ tirage : 2010

Les Presses de L'Université Laval
Pavillon Pollack, bureau 3103
2305, rue de l'Université
Université Laval, Québec
Canada, G1V 0A6
www.pulaval.com

À nos étudiants et étudiantes, pour qu'ils acquièrent ou conservent le goût de l'effort et du travail bien fait.

TABLE DES MATIÈRES

Avant-propos de la première édition XIII

Préface de la deuxième édition XVII

Introduction 1
Qu'est-ce qu'un projet de recherche ? 1
Quel type de recherche se prête à la rédaction d'un projet ? 2
Pourquoi rédiger un projet de recherche ? 4
Projet de recherche et rapport de recherche 5

PREMIÈRE ÉTAPE
Choisir le sujet et construire la bibliographie 9
Quelques critères à respecter lors du choix du sujet 9
Construire et présenter la bibliographie du projet de recherche 12
Comment présenter la bibliographie 13
Résumé 14
Lectures recommandées 15
Illustration 17
Bibliographie 18

DEUXIÈME ÉTAPE
Formuler le problème 23
Pourquoi formuler un problème ? 23
Comment cerner un problème général de recherche ? 25
    1. Reconnaître les éléments du problème 26
    2. Énoncer la question générale et choisir le thème particulier de recherche . . 29
Comment formuler le problème spécifique de recherche ? 29
    1. Choisir le problème spécifique de recherche 30
    2. Énoncer la question spécifique de recherche 33
Résumé 34
Lectures recommandées 35
Illustration 35

TROISIÈME ÉTAPE
POSER L'HYPOTHÈSE 41
Qu'est-ce qu'une hypothèse ? 41
Quel rôle l'hypothèse joue-t-elle dans le processus de recherche ?. 43
Quelles sont les caractéristiques de l'hypothèse ?. 44
Comment vérifier une hypothèse ? 46
Résumé 47
Lectures recommandées. 48
Illustration 48

QUATRIÈME ÉTAPE
CONSTRUIRE UN CADRE OPÉRATOIRE 51
Pourquoi construire un cadre opératoire ? 52
Du concept à la variable. 53
     1. Distinction entre variable et unité d'analyse. 55
     2. Relation logique entre les variables 56
De la variable à l'indicateur. 61
Qu'est-ce qui sous-tend le choix des variables et des indicateurs
et quelle sera la dynamique du cadre opératoire ? 66
Résumé 67
Lectures recommandées. 69
Illustration 69

CINQUIÈME ÉTAPE
CHOISIR LA STRATÉGIE DE VÉRIFICATION. 77
Quels sont la nature et le rôle de la stratégie de vérification ? 77
Quels sont les types de stratégies de vérification ? 78
Validité de la preuve. 82
Recherche corrélationnelle ou recherche par étude de cas : laquelle choisir ?. . . . 85
Résumé 86
Lectures recommandées. 87

SIXIÈME ÉTAPE
CHOISIR UN INSTRUMENT DE COLLECTE DE L'INFORMATION 89
Quel type d'information sélectionner ? 89
Quel type d'instrument utiliser ? 90
Modalités d'utilisation des instruments de collecte de l'information 93
Critères d'évaluation des techniques de collecte de l'information 94
Résumé 96
Lectures recommandées. 97
Illustration 99

SEPTIÈME ÉTAPE
TRAITER LES DONNÉES 103
Comment classer l'information ? 103
Comment analyser les données ? 106
Quelles précisions faut-il apporter aux modalités
d'application de l'instrument d'analyse ? 116

Résumé. 117
Lectures recommandées 118

HUITIÈME ÉTAPE
ÉNONCER DES CONCLUSIONS ANTICIPÉES. 121
Énoncer les conclusions anticipées. 121
Considérations éthiques 122
Résumé. 124
Lecture recommandée. 125
Illustration. 125

CONCLUSION 131

BIBLIOGRAPHIE 133

AVANT-PROPOS
DE LA PREMIÈRE ÉDITION

I L ne viendrait sans doute pas à l'idée d'un constructeur de résidences de bâtir une maison sans avoir au préalable tracé les plans. Nous savons également que les investisseurs les plus prospères sont généralement ceux qui ont appuyé leur stratégie d'acquisition, d'investissement ou de commercialisation sur une planification méticuleuse. Il en va de même pour la recherche sociale où les meilleures productions scientifiques sont le plus souvent le résultat d'une préparation minutieuse de structuration de l'objet d'étude et de planification des étapes de la démonstration. Pourtant, il arrive régulièrement que les étudiants négligent cette étape importante de la recherche et soumettent alors des travaux souvent incomplets sur le plan du développement logique de l'argument.

Il faut cependant reconnaître que les ouvrages de méthodologie ne sont pas toujours très utiles à cet égard, sans parler de l'hermétisme de leurs propos. Pour apprendre un peu à faire de la recherche, il faut en effet que les étudiants lisent le plus souvent de gros ouvrages de 300 à 600 pages qui insistent par ailleurs beaucoup plus sur les techniques spécialisées de recherche que sur ses éléments fondamentaux.

Il existe toutefois de petits ouvrages qui donnent quelques conseils sur la façon de mener une recherche. Mais ces textes sont également, à leur façon, très spécialisés, dans la mesure où certains privilégient les règles formelles de présentation des travaux, tandis que d'autres ne sont utilisables que pour certains types de recherches comme les enquêtes sur le terrain. À ma connaissance, il n'existe pas de petit guide, en français ou en anglais, qui intègre, en les commentant, les principales étapes du processus de recherche.

C'est essentiellement pour combler cette lacune que j'ai écrit ce court texte, lequel, évidemment, ne s'adresse pas aux chercheurs aguerris ni, en priorité, aux étudiants de troisième cycle qui, normalement, possèdent le bagage nécessaire pour utiliser avec discernement les éléments de méthode qu'exigent les travaux scientifiques. C'est plutôt à l'intention des étudiants de premier et de deuxième cycle que ce guide a été rédigé, afin de leur fournir un instrument pratique pour les aider à mieux structurer leurs travaux de recherche. Compte tenu de la finalité, on comprendra que cet exposé soit forcément incomplet et qu'il ne fasse pas toutes les nuances que l'on trouve en général dans les textes de méthodologie plus volumineux. C'est également avec cette finalité en tête qu'il a été décidé de maintenir au minimum les notes et les références, même si ce texte n'est qu'un condensé de la littérature existante. Seuls les emprunts explicites ont été signalés.

Il fallait aller à l'essentiel, avec le risque de trop simplifier parfois, afin d'offrir aux étudiants un petit guide qu'ils pourront utiliser de façon constante comme une sorte d'aide-mémoire pour la préparation et la réalisation de leurs travaux de recherche. En ce sens, j'aimerais que les utilisateurs considèrent un peu ce guide comme une carte routière que l'on étudie avant d'entreprendre un voyage et que l'on consulte à l'occasion en cours de route.

C'est surtout pour mes propres étudiants que j'ai écrit cet ouvrage. Les exemples utilisés viennent principalement de la science politique. Mais les sciences sociales dans leur ensemble ne me paraissent pas, pour ce qu'elles étudient d'essentiel, avoir atteint un niveau tel de spécialisation que l'on puisse parler de méthode propre à chacune. En sciences de l'Homme, pour utiliser l'expression de Piaget, les exigences fondamentales de la méthode scientifique sont les mêmes d'une discipline à l'autre. Les étudiants qui n'appartiennent pas à la science politique devraient par conséquent pouvoir également tirer profit de ce petit guide.

J'aimerais souligner l'appui matériel accordé à ce projet par l'Université Laval qui, par deux subventions du Programme de soutien à l'innovation pédagogique, a permis d'accélérer la mise en marche de ce travail. J'ai également apprécié l'accueil bienveillant du directeur de mon département qui m'a permis d'utiliser certaines ressources départementales pour réaliser ce projet.

Je voudrais par ailleurs exprimer ma gratitude à mes collègues Jean Crête, Vincent Lemieux, Louise Quesnel et Jean Mercier qui ont bien voulu discuter du plan de travail avec moi et qui ont commenté une version préliminaire de ce texte. Je voudrais aussi remercier Jacques Champagne et les évaluateurs externes dont j'ai apprécié et tenté d'utiliser à profit les commentaires judicieux. Enfin, je tiens à exprimer ma reconnaissance à mes étudiants des trois cycles qui, au cours des deux dernières années, m'ont permis, par leurs remarques, d'améliorer ce manuscrit.

Avant de terminer, il me faut exprimer ici ma très vive reconnaissance à Claude Arsenault et Lisette Laforest. En plus de construire des dossiers de recherche, Claude a travaillé méticuleusement pour élaborer les illustrations de fin d'étape et trouver les lectures recommandées appropriées. Lisette, pour sa part, a dactylographié, avec sa compétence habituelle, les différentes versions de ce manuscrit. Grand merci à tous les deux ainsi qu'à François Miller, du Service des ressources pédagogiques, pour ses nombreuses suggestions.

Comme le lecteur peut s'en rendre compte, un travail de ce genre bénéficie toujours de collaborations diverses. Il aurait été injuste de ne pas faire état de ces apports précieux, mais il va de soi que je demeure le principal responsable des erreurs ou des insuffisances de ce texte.

Gordon Mace

PRÉFACE

DE LA DEUXIÈME ÉDITION

CETTE deuxième édition du *Guide d'élaboration d'un projet de recherche* modifie en partie la première édition qui date de 1988. La finalité et l'approche de la première édition n'ont pas changé. C'est pourquoi le plan général de l'ouvrage demeure essentiellement le même. Cependant, la recherche en sciences sociales évolue, tout comme la société qu'elle reflète. C'est pour tenir compte de l'évolution récente de la pensée et des méthodes en recherche sociale que nous avons jugé utile de modifier le texte de la première édition en y ajoutant certains éléments, notamment en ce qui concerne les étapes de la stratégie de vérification, du choix des instruments de collecte de l'information et du traitement des données, et en mettant à jour la bibliographie et les illustrations. Nous tenons à remercier Danielle Gingras pour son patient travail de correction dactylographique et Dany Deschênes pour son utile assistance dans la compilation bibliographique et dans l'élaboration des illustrations.

Gordon Mace et François Petry

INTRODUCTION

Qu'est-ce qu'un projet de recherche ?

LES auteurs d'ouvrages de méthodologie utilisent différentes expressions pour qualifier ce que l'on appelle un projet de recherche ; ils parleront par exemple de cadre de référence, de cadre d'analyse, de devis de recherche, de devis expérimental, de méthodologie de la recherche ou encore de démarche méthodologique. Cette confusion terminologique est d'autant plus lourde de conséquences que certaines expressions font référence à l'ensemble du processus de recherche et d'autres à une étape particulière de la recherche. Il y a donc avantage à utiliser l'expression « projet de recherche », puisque le mot « projet » indique très clairement qu'il ne s'agit pas de la réalisation ou de l'actualisation de la recherche, mais plutôt de ce que l'on veut entreprendre comme recherche et de la méthode que l'on utilisera pour ce faire ; ce sont en fait les étapes préliminaires de la recherche au cours desquelles seront tracés les paramètres de l'étude.

> Un projet de recherche est l'étape préliminaire de la recherche au cours de laquelle il faut établir les limites de l'objet d'étude et préciser la manière de réaliser chacune des étapes du processus.

Bien que l'idée de plan soit apparentée au projet de recherche, il faut bien voir que ce dernier ne consiste aucunement en un plan de travail et encore moins en une table des matières ; il est beaucoup plus explicite qu'un plan de travail, car on y justifie et commente systématiquement les choix méthodologiques faits à chaque étape du processus. Le projet de recherche est donc un document écrit pouvant comporter, selon le cas, de 10 à 50 pages.

Quel type de recherche se prête à la rédaction d'un projet ?

Les auteurs d'ouvrages de méthodologie ont souvent tendance à établir des typologies de la recherche. Bien que ces distinctions ne fassent pas toujours l'unanimité, on reconnaît habituellement l'existence d'au moins deux grands types de recherches : la recherche expérimentale et la recherche non expérimentale, appelée aussi recherche *ex post*.

En recherche expérimentale, dont on trouve le prototype en sciences de la nature et en sciences pures, le chercheur est en mesure de vérifier les facteurs qui influencent ou peuvent influencer l'objet d'étude. Hormis certains domaines, comme l'astronomie, ce type de recherche permet habituellement au chercheur de reproduire en laboratoire les conditions de la réalité observable. Dans le domaine des sciences sociales, ce type de recherche est très fréquent en psychologie expérimentale et occasionnel en sociologie ou en science politique. Ainsi, le chercheur détermine au préalable le type d'information et la nature des stimuli auxquels il soumettra de petits groupes de personnes afin d'évaluer leur comportement dans des situations particulières.

Nous avons une illustration de ce type de recherche en science politique lorsque, en 1966, Jean Laponce, de l'Université de Colombie-Britannique, avait voulu étudier l'influence des sondages sur le vote des électeurs[1]. Pour ce faire, il avait constitué de petits groupes d'étudiants à qui il demandait de voter pour des candidats fictifs ; il leur fournissait une information tronquée sur les intentions de vote des participants qu'il modifiait à son gré pour en étudier l'influence

---

1. Pour plus de détails, voir Jean LAPONCE, « An Experimental Method to Measure the Tendency to Equibalance in a Political system », *American Political Science Review*, Vol. 60, 1966, p. 982-993.

sur la nature du vote. De façon générale, c'est exclusivement à ce type de recherche que les auteurs d'ouvrages de méthodologie réservent l'utilisation du devis expérimental.

En sciences sociales, toutefois, les travaux les plus courants ne résultent pas d'une recherche de type expérimental, mais plutôt d'une recherche de type *ex post*, c'est-à-dire où le chercheur ne maîtrise pas les facteurs qui peuvent influencer son objet d'étude et où il est obligé d'étudier des comportements ou des événements qui se sont déjà produits[2]. D'ou le terme *ex post*.

Car la plupart des recherches en sciences sociales, étant donné leur objet d'étude, ne permettent pas au chercheur de reproduire fidèlement en laboratoire des comportements ou des événements qui se sont produits dans la réalité observable ; les modèles économétriques et certaines simulations sur ordinateur tentent par contre d'y parvenir en maintenant constants certains facteurs d'influence. Les conclusions qui découlent de ce type de recherche, qu'on appelle parfois quasi expérimentale, ne révèlent guère, cependant, une capacité explicative supérieure, car les facteurs en question ne sont jamais constants dans la réalité des choses. Pour parodier une formule chère aux économistes, dans le monde observable, « toutes choses » ne sont jamais égales « par ailleurs ».

Ainsi, en recherche sociale, il existe deux types fondamentaux de recherches, mais cela n'implique aucunement qu'il faille construire deux ou plusieurs types de projets de recherche selon la nature de l'étude. En effet, chaque type de recherche, malgré sa spécificité, doit respecter les règles de la méthode scientifique. Cette dernière est une façon particulière de connaître la réalité qui comprend un certain nombre d'étapes du processus de recherche regroupées en deux moments précis : la conceptualisation et l'expérimentation ou vérification.

---

2. Sauf dans le cas de la recherche-action et de l'observation participante où le chercheur est directement engagé avec les acteurs et le phénomène à l'étude. On suppose alors que l'analyse est postérieure à l'événement.

> Conceptualisation et expérimentation étant les fonde-
> ments de la méthode scientifique, et le projet de recherche
> étant construit en fonction de cette méthode, il s'ensuit
> que le projet peut être utilisé pour réaliser n'importe quel
> type de recherche[3].

Pourquoi rédiger un projet de recherche ?

Le projet de recherche est un instrument de travail qui permet de
préciser les étapes d'un travail de recherche à réaliser ; c'est donc un
précieux instrument d'organisation de la pensée qui aide à structurer logiquement l'objet d'étude et à effectuer une analyse plus efficace. Ce travail préparatoire est nécessaire pour ne pas s'égarer dans
l'analyse et présenter une démonstration confuse ou incomplète qui
réduirait d'autant la portée explicative du travail.

Tentons d'illustrer l'importance du projet de recherche au moyen
d'un exemple. Ainsi, quand un gouvernement, une entreprise ou une
personne confie à un architecte le mandat d'ériger une structure
comme le Grand Théâtre de Québec, le Palais des congrès de Montréal ou encore la Tour du CN à Toronto, celui-ci ne se met pas au travail immédiatement pour dessiner ses plans. Il doit d'abord s'assurer
d'avoir bien compris les exigences du client, puis analyser les caractéristiques du quartier où l'édifice sera érigé afin de connaître l'architec-
ture des bâtiments voisins et, éventuellement, la vocation du
quartier. Il doit également étudier méticuleusement les fonctions dé-
volues à la nouvelle structure et consulter les plans d'édifices similai-
res construits ailleurs dans le monde. Ce n'est qu'après ce travail
préparatoire pouvant s'échelonner sur plusieurs semaines ou plusieurs mois qu'il sera en mesure de dessiner ses premières ébauches.

C'est un peu de la même façon que doit procéder le chercheur en
sciences sociales. Ses travaux de recherche seront de peu de valeur
s'il ne s'est pas adonné à une préparation minutieuse avant d'entre-

---

3. Il ne s'agit pas ici d'ouvrir cette boîte de Pandore à propos de ce qu'est ou n'est
   pas la méthode scientifique ; il ne saurait être question non plus de procéder à
   quelque exclusion que ce soit. Disons simplement que, pour cet ouvrage, nous
   avons choisi de privilégier l'approche hypothético-déductive utilisée couramment dans l'ensemble des sciences sociales.

prendre le gros de ses recherches. Cette préparation minutieuse lui permettra, entre autres, de déterminer dès le départ ce qu'il veut démontrer à propos de son objet d'étude et la manière de procéder pour effectuer la démonstration.

Le projet de recherche sert essentiellement à ce travail préparatoire qui peut facilement constituer la moitié de l'effort global à fournir. On peut donc dire qu'il remplit trois fonctions essentielles relativement à une activité de recherche :

◇ Il aide à mieux préciser l'objet d'étude.

◇ Il permet de planifier les étapes de la recherche.

◇ Il aide à sélectionner les stratégies et les techniques de recherche les plus appropriées compte tenu de ce que l'on veut démontrer.

Projet de recherche et rapport de recherche

Il convient de saisir clairement la différence entre un projet de recherche et un rapport de recherche, ou travail long, que les professeurs exigent souvent à partir de la deuxième année du baccalauréat, à la maîtrise ou au doctorat. En réalité, la différence entre ces deux types d'exercices est semblable à celle qui existe entre les plans de l'architecte et la structure une fois achevée.

Le *rapport de recherche* est un document écrit dont la fonction principale consiste à présenter les résultats de la recherche une fois terminée. Naturellement, il reprend plusieurs éléments du projet de recherche, mais son rôle central consiste à présenter les résultats de l'analyse dont les étapes et la procédure ont été annoncées dans le projet de recherche. Un rapport de recherche bien fait comprend habituellement une partie introductive où l'auteur reprend la formulation du problème, l'énoncé de la question de départ et de l'hypothèse, ainsi que la présentation du cadre opératoire et de la démarche. La partie centrale du rapport de recherche consiste en la présentation et la discussion des résultats de l'analyse, et la conclusion fait le point sur la vérification de l'hypothèse, critique la méthode utilisée et enfin dessine de nouvelles pistes de recherche.

Le *projet de recherche* est également un document écrit qui, au lieu de présenter les résultats de la recherche, annonce plutôt la procédure à suivre pour effectuer la recherche. Il comporte généralement sept parties correspondant à chacune des grandes étapes du processus de recherche : 1) la formulation du problème ; 2) l'énonciation de l'hypothèse ; 3) la construction du cadre opératoire ; 4) le choix de la stratégie générale de vérification ; 5) le choix de la ou des techniques de collecte de l'information ; 6) le choix de la ou des techniques d'analyse des données ; et 7) la présentation des conclusions anticipées. Chacune de ces étapes fait l'objet d'un chapitre distinct dans cet ouvrage. Le projet de recherche doit toujours se construire sur la base d'une bibliographie. Nous traiterons de la construction de la bibliographie d'un projet de recherche dans le premier chapitre qui couvre aussi la démarche initiale devant précéder toute recherche, c'est-à-dire le choix du sujet.

Le projet de recherche est lié intimement au rapport de recherche. Le projet de recherche prépare le rapport de recherche et en améliore la qualité. En fait, il constitue un appui indispensable, non seulement pour le rapport de recherche, mais également pour l'ensemble du processus.

PRINCIPALES COMPOSANTES
DU PROJET DE RECHERCHE ET DU RAPPORT DE RECHERCHE

Projet

1. Choix du sujet et construction de la bibliographie

2. Formulation du problème

3. Énonciation de l'hypothèse

4. Construction du cadre opératoire

5. Choix de la stratégie générale de vérification

6. Choix de la ou des techniques de collecte de l'information

7. Choix de la ou des techniques d'analyse des données

8. Présentation des conclusions anticipées

Rapport

1. *Partie introductive*

   Reprise en abrégé des points 1 à 8 du projet de recherche.

2. *Partie centrale*

   Présentation et discussion des principaux résultats de l'analyse selon le cadre opératoire établi dans le projet.

3. *Conclusion*

   Discussion des résultats de l'analyse par rapport à la vérification de l'hypothèse, retour critique sur la méthode utilisée et proposition de pistes de recherche éventuelles.

4. *Bibliographie du rapport de recherche*

CHOISIR LE SUJET ET CONSTRUIRE LA BIBLIOGRAPHIE[1]

L A qualité du projet et le succès de la recherche elle-même dépendent souvent de considérations qui interviennent au moment même de choisir son sujet d'étude. Il est donc essentiel de dresser l'inventaire de ces considérations dès l'étape du choix du sujet et de vérifier, par des lectures préliminaires, si le sujet choisi respecte ces considérations.

Quelques critères à respecter lors du choix du sujet

L'étudiant doit d'abord s'assurer de *l'intérêt* qu'il porte au sujet. En effet, s'il est peu ou pas captivé par le sujet, il y a fort à parier qu'il ne cherchera pas à investir l'énergie nécessaire pour mener la recherche à terme et surmonter les difficultés inhérentes à toute recherche scientifique. L'étudiant doit aussi s'assurer par la même occasion de *l'importance politique et sociale et de l'actualité* du sujet choisi. L'importance ou la pertinence politique et sociale d'un problème est le premier élément qui sert à justifier le choix du sujet.

---

1. À partir de maintenant et pour chaque étape à venir, nous indiquerons la procédure pour réaliser chacune des étapes du projet de recherche. C'est pourquoi, en plus du texte principal, chaque partie comprendra un résumé des principales propositions, un rappel succinct des étapes à franchir, quelques suggestions de lectures sur le thème traité ainsi qu'un exemple destiné à illustrer l'argumentation de chaque partie. À des fins pédagogiques, le même exemple sera repris tout au long de ce guide afin de mieux illustrer la façon de procéder pour chacun des thèmes traités.

Par exemple, on a coutume de déplorer le manque de participation démocratique des citoyens dans la vie politique. Nos dirigeants prennent toutes sortes de décisions collectives qui nous affectent directement sans que nous soyons consultés ou que nous nous sentions consultés. Ceci peut avoir des conséquences néfastes tant sur le plan individuel que pour l'ensemble de la société. Certaines décisions collectives peuvent, par manque de participation démocratique, se révéler mauvaises ou injustes pour certaines personnes. Le manque de participation démocratique risque aussi d'entraîner une perte de légitimité des institutions politiques et un affaiblissement de la confiance entre la population et ses dirigeants. Il est inutile de s'étendre davantage sur le sujet pour saisir l'importance du problème du manque de participation démocratique dans nos sociétés. Il s'agit d'une préoccupation politique et sociale importante. Mais cette préoccupation est beaucoup trop générale pour servir de base à une véritable recherche. L'étudiant devra donc circonscrire son objet en s'assurant de la capacité du sujet choisi à déboucher sur une vraie recherche.

Supposons que l'on veuille étudier le rôle des sondages d'opinion (en tant qu'instrument d'information et de communication entre l'État et les citoyens) dans le fonctionnement démocratique. Ce thème, déjà beaucoup plus précis que celui de la participation démocratique en général, demeure néanmoins trop large pour faire l'objet d'un travail sérieux. Même une thèse de doctorat n'y suffirait pas, car il existe plusieurs dimensions et plusieurs angles d'étude à partir desquels on peut traiter ce sujet. On peut, par exemple, examiner les techniques de réalisation des sondages politiques et les conditions qui doivent être remplies pour que les sondages donnent une image à peu près exacte des préférences de la population. On peut aussi privilégier l'étude des façons de contrôler et de réglementer les sondages et l'utilisation qui en est faite. Un autre axe de recherche possible concerne la relation entre les médias et l'opinion publique. On pourrait, par exemple, étudier comment les médias utilisent l'information produite par les sondages d'opinion. Une autre axe de recherche consiste à étudier l'utilisation des sondages d'opinion par les acteurs politiques. C'est ce dernier axe de recherche que nous allons étudier dans notre exemple de projet de recherche, en nous demandant si l'utilisation politique des sondages satisfait aux exigences de la démocratie.

Une fois son sujet de recherche précisé, l'étudiant devra s'assurer qu'un tel sujet aura fait l'objet de *recherches antérieures*. Il est rare, pour ne pas dire impossible de formuler un problème de recherche sur un sujet entièrement nouveau et original. Toute recherche prend racine dans des recherches antérieures, soit pour en confirmer ou en amplifier les résultats, soit pour les réviser ou même les contredire. Dans les deux cas, le chercheur devra pouvoir tirer profit des travaux antérieurs pour formuler son problème de recherche.

Comprenons-nous bien cependant. Lorsque nous écrivons qu'il faut tirer profit des travaux antérieurs pour choisir la façon d'aborder son sujet, nous ne voulons surtout pas dire qu'il faille reproduire ces travaux. Mais, comme un sujet peut être abordé de 10, 15 ou 20 manières différentes, il est généralement profitable de voir comment les autres ont procédé afin de choisir une façon originale de mener l'étude et d'évaluer les chances de succès de l'approche à privilégier.

L'étudiant devra aussi s'assurer que son sujet de recherche repose sur une *théorie scientifique*. La théorie est le pilier logique de l'approche scientifique sur la base duquel le chercheur attend ou espère certains résultats. C'est son fondement théorique (logique) qui distingue la recherche scientifique d'autres voies à la connaissance, telles que l'obéissance à l'autorité, le recours à la magie, ou, plus simplement, l'érudition. L'étudiant devra donc s'assurer que le sujet choisi possède un ancrage théorique.

Une vraie recherche repose aussi sur *l'observation*. L'observation est le pilier empirique de l'approche scientifique. L'observation empirique distingue la recherche scientifique d'autres modes de connaissance, comme la philosophie ou les mathématiques. Pour s'assurer que sa recherche reposera sur l'observation empirique, l'étudiant doit prendre en considération, dès l'étape du choix du sujet, la *disponibilité de l'information* sur l'objet d'étude[2]. En effet, tout sujet peut, en soi, être intéressant à traiter, mais son analyse peut poser des problèmes considérables, en ce sens que l'information pour appuyer la recherche peut être rare, confidentielle, donc non accessible, ou encore non pertinente pour l'aspect que l'on veut étudier. Il est donc extrêmement important de s'assurer au départ de la disponibilité de l'information, parce que c'est elle qui fournit le principal critère de décision en matière de faisabilité d'un projet de recherche.

---

2. Les expressions *sujet de recherche* et *objet d'étude* sont quelquefois utilisées indistinctement dans la littérature. Dans cet ouvrage, l'expression *sujet de recherche* peut être considérée comme équivalente à celle de « problème général de recherche », tandis que l'expression *objet d'étude* est utilisée comme synonyme de « problème spécifique de recherche ».

En dernier lieu, une vraie recherche met en jeu une méthode basée sur l'utilisation d'*instruments de recherche*. Ces instruments constituent le pilier méthodologique de l'approche scientifique, permettant de faire le lien entre l'attente logique de certains résultats (c'est-à-dire la théorie) et l'observation empirique. C'est l'utilisation d'une méthode qui permet de dire, avec un certain degré de certitude, si l'on s'est trompé ou non. La disponibilité des instruments de recherche a un caractère moins urgent que les facteurs précédents à l'étape du choix du sujet parce que, dans bien des cas, le chercheur aura la possibilité de tailler ces instruments à la mesure de la recherche à entreprendre. Les instruments de recherche peuvent, pour certains sujets, se révéler un facteur déterminant du choix du sujet.

Construire et présenter la bibliographie du projet de recherche

Comment s'assurer que le sujet choisi et la recherche que l'on projette d'effectuer sur ce sujet remplissent les critères que nous venons d'énumérer? La seule méthode reconnue est la lecture. C'est pourquoi il importe, dès que le sujet de recherche a été choisi, de constituer la bibliographie la plus exhaustive possible et d'entamer un effort de lecture des principaux titres de cette bibliographie. La tâche du chercheur, au moment de la phase préparatoire du choix du sujet, est de repérer à peu près tous les documents éventuellement utiles à sa recherche. Nous disons « à peu près » parce qu'il est normal de ne pas avoir pu consulter tous les textes pertinents. On s'attend donc à ce que certains textes soient ajoutés à la liste et que d'autres textes soient retranchés de la liste entre l'étape initiale du processus (c'est-à-dire le choix du sujet) et l'étape finale (c'est-à-dire la présentation du projet de recherche).

La bibliographie d'un projet de recherche est différente de celle que l'on soumet au moment de présenter le rapport de recherche. En effet, la bibliographie d'un rapport de recherche ne recensera que les textes ayant servi directement à la recherche, tandis que la bibliographie du projet de recherche est habituellement plus volumineuse parce que la recherche est loin d'être terminée au moment où l'on met le projet en route. C'est au terme de la recherche que l'on est en mesure d'épurer la bibliographie du projet de recherche pour ne retenir, à la fin du rapport de recherche, que les textes qui ont été immédiatement utiles pour le travail d'analyse.

La bibliographie du projet de recherche remplit donc un double rôle. D'une part, elle nous permet de savoir s'il existe un matériel suffisant pour mener la recherche à terme. C'est une information qu'il vaut mieux posséder avant d'être rendu trop loin en recherche et l'appréciation à cet égard sera d'autant plus sûre que l'on aura constitué la bibliographie avec méthode en consultant d'abord les bibliographies, générales et spécialisées, les index, les condensés, les banques thématiques informatisées et le catalogue de la bibliothèque. D'autre part, la bibliographie du projet nous informe sur le type et les catégories de documents disponibles par rapport au sujet à traiter. Il est important de posséder cette information dès le départ afin d'orienter plus facilement ses recherches.

Comment présenter la bibliographie ?

Le chercheur doit également pouvoir recourir à cette information de façon systématique et la rendre disponible à toute personne travaillant sur le même sujet. C'est pourquoi les documents ne doivent pas être alignés n'importe comment ; on doit respecter à cet égard les règles de présentation en usage tant pour les grandes rubriques que pour les entrées individuelles.

Il existe deux grandes méthodes de présentation des bibliographies. La méthode auteur-date, généralement utilisée dans le réseau universitaire nord-américain, donne la date de publication immédiatement après le nom du ou des auteurs. Selon la méthode traditionnelle, encore souvent utilisée en Europe et au Québec, la date de publication figure à la fin de la référence, après la maison d'édition. Certaines universités utilisent des formules particulières aménagées. La situation peut donc varier selon les institutions et il est préférable de s'en informer à son département ou à sa faculté. À l'Université Laval, par exemple, le département de science politique met à la disposition des étudiants le *Guide de présentation des travaux de recherche* adapté du guide en vigueur pour les publications du gouvernement du Québec.

La façon la plus répandue de présenter une bibliographie est de placer tous les titres par ordre alphabétique d'auteurs, sans classer les titres par catégorie. Une deuxième façon, plus scolaire, consiste à classer les titres en grandes rubriques à l'intérieur desquelles on respecte l'ordre alphabétique. On suggère les cinq rubriques de classement suivantes :

◇ ouvrages spécialisés, monographies et thèses

◇ documents officiels

◇ périodiques spécialisés (revues scientifiques)

◇ autres périodiques (quotidiens, hebdomadaires...)

◇ sources Internet

Le progrès rapide d'Internet rend la dernière rubrique indispensable dans une bibliographie de projet de recherche. Il n'est pas toujours évident de citer les sources Internet, soit parce que l'auteur n'est pas clairement indiqué, soit parce que le titre exact et la date ne sont pas mentionnés. Pour trouver la façon correcte de citer des sources électroniques, on peut consulter le guide de l'Université Laval qui figure dans la liste des lectures recommandées.

RÉSUMÉ

1. Le succès ou l'échec d'un travail de recherche dépend en bonne partie du choix du sujet d'étude, c'est pourquoi il importe de faire un choix éclairé.

2. La bibliographie du projet de recherche est plus étendue que celle du travail long. Elle permet de déterminer dès le départ s'il existe assez de matériel pour réaliser la recherche et indique quel type de matériel est accessible.

3. La présentation de la bibliographie doit respecter les règles en usage à cet égard.

Comment construire et présenter une bibliographie

1. S'assurer que le choix du sujet tient compte des critères suivants :

◇ l'intérêt du sujet pour le chercheur,

◇ l'importance et l'actualité du sujet,

◇ la faisabilité de la recherche,

◇ l'étendue du traitement antérieur du sujet,

◇ les dimensions théoriques du sujet,

◇ la disponibilité de l'information y afférent,

◇ la disponibilité des instruments de recherche.

2. Clarifier l'objet d'étude au moyen de dictionnaires, encyclopédies, annuaires et traités spécialisés.

3. Consulter les bibliographies pertinentes (courantes, spécialisées, etc.).

4. Vérifier à la bibliothèque si le catalogue comprend des textes répertoriés à l'étape 2.

5. Présenter la bibliographie en alignant les entrées par ordre alphabétique d'auteurs et en distinguant au moins les publications officielles des travaux. On peut également établir des catégories selon qu'il s'agit de textes publiés ou non publiés.

6. Se conformer aux autres règles de présentation en vigueur dans son institution.

LECTURES RECOMMANDÉES

DÉPARTEMENT DE SCIENCE POLITIQUE, *Guide pour la présentation des travaux de recherche*, Québec, Laboratoire d'études politiques et administratives de l'Université Laval, 1992.

DIRECTION GÉNÉRALE DES PUBLICATIONS GOUVERNEMENTALES, *Guide de présentation des manuscrits*, Québec, ministère des Communications, 1984, p. 35-41.

GINGRAS, François-Pierre, « Comment citer des sources sur Internet dans un travail scientifique »,
http://www.uottawa.ca/~fgingras/text/citation.html,
26 novembre 1997.

TURABIAN, Kate L., John GROSSMAN et Alice BENNETT, *A Manual for Writers of Term Papers, Theses and Dissertations*, 8ᵉ éd., Chicago, The University of Chicago Press, 1996.

Université Laval. Bibliothèque, « Comment citer un document électronique ? », http://www.bibl.ulaval.ca/doelec/doelec28.html, 3 novembre 1999

SCHÉMA DES ÉTAPES DU PROJET DE RECHERCHE

Conceptualisation

Niveau des
concepts
théoriques

→

Concepts
opératoires

→

Variables
et leurs
indicateurs

1. *Formulation du problème*
  – Identification des éléments du
    problème
  – Énonciation de la question
    générale et choix du thème
    particulier de recherche
  – Choix du problème spécifique
  – Énonciation de la question
    spécifique de recherche

2. *Hypothèse*

Vérification

3. *Construction du cadre opératoire*
4. *Choix de la stratégie générale de
    vérification*
5. *Choix de la ou des techniques de
    collecte de l'information*
6. *Choix de la ou des techniques
    d'analyse des données*
7. *Énonciation des conclusions
    anticipées*

du choix du sujet et de la présentation de la bibliographie

L'exemple que nous utiliserons pour illustrer chacune des grandes étapes du projet de recherche portera sur l'utilisation des sondages d'opinion par les décideurs politiques dans l'élaboration et l'adoption des décisions gouvernementales.

Titre

L'utilisation des sondages d'opinion par les décideurs politiques.

Importance politique du sujet

Il y a prolifération des instruments d'information et de communication entre l'État et les citoyens dans nos sociétés industrialisées. En particulier, les organisations de sondages sollicitent régulièrement l'opinion d'échantillons représentatifs de la population sur une panoplie de questions d'intérêt public. Parallèlement, on critique souvent l'absence de participation véritablement démocratique des citoyens dans l'élaboration des politiques publiques. Ceci entraînerait, entre autres, une perte de légitimité des institutions politiques et un affaiblissement de la confiance entre la population et ses dirigeants. On est donc en droit de se demander si l'utilisation de plus en plus répandue des sondages d'opinion contribue au fonctionnement de la démocratie dans nos sociétés.

Pertinence scientifique du sujet et utilisateurs potentiels

Afin de mieux cerner notre sujet de recherche et d'en justifier le choix, nous avons procédé à un premier exercice de lecture où nous nous sommes concentrés principalement sur des ouvrages généraux qui traitent de la contribution démocratique des résultats de sondages d'opinion. Cet exercice a révélé qu'il existe une littérature scientifique abondante sur la question. L'étude de l'utilisation politique des sondages d'opinion a longtemps été dominée par les chercheurs américains, mais les chercheurs canadiens et européens commencent eux aussi à s'intéresser à cette question.

L'utilisation politique des sondages d'opinion est à la croisée des chemins de deux sous-champs de la science politique : l'étude de l'opinion publique et l'analyse des politiques publiques. Ces deux

sous-champs sont encore nettement compartimentés. Ainsi, les spécialistes de l'opinion publique étudient comment les citoyens arrivent à une opinion politique sans trop se préoccuper de l'influence
des politiques publiques dans la formation de l'opinion. Or, des recherches récentes ont montré que les choix et les préférences de la
population sont souvent organisés par le processus politique lui-
même. Inversement, les spécialistes des politiques publiques étudient les facteurs et les enjeux qui influencent le processus d'élaboration et d'adoption des politiques sans trop se soucier du rôle de
l'opinion publique dans ce processus. Nos lectures préliminaires
nous ont rassurés quant à l'existence d'importantes controverses
théoriques sur la question du rôle des sondages d'opinion dans l'élaboration et l'adoption des politiques publiques. La recherche proposée, en établissant un pont entre l'étude de l'opinion publique et
l'analyse des politiques publiques, devrait contribuer à apporter un
éclairage nouveau sur certaines de ces controverses.

Les résultats de cette recherche s'ajouteront à ceux des autres
chercheurs dans ce domaine, notamment les spécialistes de l'opinion publique, les spécialistes de politiques publiques et les chercheurs qui s'intéressent à l'étude de la démocratie. Les résultats
fourniront aussi des données originales et utiles aux intervenants
(instituts de sondage, décideurs politiques) qui s'intéressent au rôle
de l'opinion publique dans la vie politique.

BIBLIOGRAPHIE

La sources bibliographiques ont été regroupées en quatre rubriques.

- ◉ Ouvrages spécialisés, monographies et thèses
- ※ Articles spécialisés
- ◉ Revues de littérature et bibliographie
- ▤ Documents officiels et sources de données (y compris les sour-
  ces Internet).

Pour ne pas trop alourdir le texte, nous nous sommes limités à trois références par rubrique. La présentation utilise la méthode « auteur-date ». Chaque citation est suivie d'un bref résumé.

Ouvrages spécialisés

ⓐ CHAMPAGNE, Philippe, 1990, *Faire l'opinion : le nouveau jeu politique*, Paris, Éditions de minuit.
   L'ouvrage de Philippe Champagne montre comment les décideurs politiques mobilisent le soutien de l'opinion publique pour les politiques qu'ils préfèrent.

ⓐ LEMIEUX, Vincent, 1988, *Les sondages et la démocratie*, Québec, Institut québécois de recherche sur la culture.
   L'ouvrage de Vincent Lemieux examine comment les résultats de sondages contribuent ou ne contribuent pas au maintien de la démocratie.

ⓐ MARGOLIS, Michael et Gary. A. MAUSER (sous la direction), 1989, *Manipulating Public Opinion : Essays on Public Opinion as a Dependent Variable*, Pacific Grove. Cal, Brooks Cole Publishing Co.
   L'ouvrage collectif de Michael Margolis et Gary Mauser contient plusieurs études de cas où il est montré comment les dirigeants politiques manipulent l'opinion publique, en particulier en matière de politique étrangère.

Articles scientifiques

※ BROOKS, Joel E., 1985, « Democratic Frustration in the Anglo-American Polities : A Quantification of Inconsistency between Mass Public Opinion and Public Policy », *The Western Political Science Quarterly*, 38, 250-261.
   Selon Joel Brooks, les dirigeants politiques ne tiennent tout simplement pas compte de l'opinion publique dans la majorité des cas.

※ PETRY, François, 1999, « The Opinion-Policy Relationship in Canada », *The Journal of Politics*, 61, 541-551.
   L'article de François Petry mesure la congruence entre la direction majoritaire de l'opinion sur un grand nombre de questions de politique et les décisions du gouvernement sur ces mêmes questions.

※   LACHAPELLE, Guy et Jean NOISEUX, 1995, « L'opinion publique et la guerre du Golfe : son influence dans le processus de décision », *Cahiers d'histoire politique*, 1, 99-120.
      L'article de Guy Lachapelle étudie de façon approfondie le processus de décision du gouvernement de Brian Mulroney d'intervenir dans la guerre du Golfe et l'évolution de l'opinion des Canadiens sur cette question.

Revues de littérature, bibliographie

◉   LACHAPELLE, Guy, 1995, *Public Policy and Public Opinion : A Bibliography*. Master's in Public Policy and Public Administration, Concordia University.
      Cette bibliographie comprend plusieurs centaines de titres pertinents à l'étude de l'utilisation des résultats de sondages d'opinion par les décideurs politiques.

◉   SHAPIRO, Robert et Lawrence JACOBS, 1989, « The Relationship between Public Opinion and Public Policy : A Review », dans *Political Behavior Annual*, volume 2, S. Long (sous la direction), Boulder, Co, Westview Press.
      Cet article dresse un tableau de l'état des recherches sur la relation entre l'opinion publique et les politiques publiques à la fin des années 1980.

◉   SNIDERMAN, Paul, 1998, « Les nouvelles perspectives de la recherche sur l'opinion publique », *Politix*, 41, 123-175.
      Il s'agit de la traduction en français d'un compte rendu critique de l'évolution récente des recherches américaines sur l'opinion publique.

Documents officiels, sources de données

⛃   Gallup Report, 1968-1999, Toronto : Gallup Canada, Inc.
      Il s'agit de compilations annuelles des résultats de sondages Gallup réalisés par l'Institut canadien d'opinion publique.

⛃   http://democracy.queensu.ca/cdnarchives
      Les archives du Center for the Study of Democracy de l'Université Queen's contiennent des milliers de résultats de sondages par les grands instituts de sondages canadiens. Ces résultats sont accessibles par l'Internet à l'adresse ci-dessus.

▣ MYERS, J. et J. MUSSON, 1996, *The Fitzenhenry and Whiteside Book of Canadian Facts and Dates*, 3ᵉ édition, Markham, Fitzhenry and Whiteside.

Ce répertoire fournit une chronologie détaillée des principaux événements et des décisions politiques des gouvernements provinciaux et fédéral.

FORMULER LE PROBLÈME

U NE fois le sujet choisi, il faut s'attaquer à la formulation du problème de recherche qui constitue l'étape initiale du processus de recherche proprement dit. Dans cette étape, nous traiterons successivement : 1) de la raison d'être de la formulation du problème ; 2) de la nature du problème de recherche ; 3) des étapes de la formulation du problème, notamment de la reconnaissance du problème général de recherche ; et 4) de la formulation du problème spécifique de recherche à l'origine de la question particulière qui doit sous-tendre toute recherche.

Pourquoi formuler un problème ?

On rapporte qu'un ancien ministre québécois avait déclaré en commission parlementaire sur l'étude des crédits alloués aux universités que la société québécoise avait davantage besoin de « trouveurs » que de chercheurs. Ce à quoi Einstein aurait certainement répondu que ce qui importe dans la science, ce sont bien moins les réponses que les questions que l'on peut poser !

Toute connaissance scientifique est fondamentalement une démarche de questionnement ; c'est d'ailleurs pourquoi les scientifiques insistent sur l'esprit de curiosité essentiel à un bon chercheur. Bien sûr, la recherche scientifique apporte également des réponses appliquées immédiatement à la solution concrète de problèmes sociaux, mais il arrive aussi souvent que les premières réponses obtenues servent de prélude à la relance du processus de recherche. Ainsi, la connaissance scientifique est, par nature, un processus constamment inachevé.

Mais, si la recherche scientifique est un processus de questionnement, il faut bien comprendre que les questions à l'origine de la démarche scientifique n'émergent pas du néant et encore moins de façon anarchique. Car si, à un moment donné, nous sommes en mesure de formuler une question, c'est uniquement parce que nous avons auparavant constaté un problème.

> Un problème peut se définir comme un écart constaté entre une situation de départ insatisfaisante et une situation d'arrivée désirable[1]. Un processus de recherche est entrepris afin de combler cet écart.

La définition d'un problème en fonction d'un écart à combler peut et doit se concevoir de deux façons distinctes. Un problème se conçoit tout d'abord comme problème politique ou social. Un problème politique ou social est posé dès que l'on constate qu'il y a un écart entre une situation politique ou sociale de départ insatisfaisante et une situation politique ou sociale d'arrivée désirable. Comme nous l'avons vu dans l'étape précédente, la constatation d'un tel écart sert, en partie, à motiver le choix du sujet. Ainsi nous avons fait état, dans notre exemple, des préoccupations politiques et sociales provoquées par le manque de participation démocratique dans nos sociétés (la situation de départ insatisfaisante). Ces préoccupations motivent la recherche de solutions qui nous permettront d'améliorer la participation des citoyens au processus démocratique et d'aboutir ainsi à une situation d'arrivée plus satisfaisante. Ces préoccupations et les solutions qui y sont associées mettent en lumière la conscience sociale ou politique du chercheur et doivent s'exprimer à l'étape du choix du sujet.

Un problème se conçoit aussi comme problème de recherche, c'est-à-dire un écart constaté entre une situation de recherche insatisfaisante au départ et une situation de recherche désirable à l'arrivée. Le problème de recherche doit être distingué du problème politique et social, bien qu'il lui soit lié. C'est à l'étape de la formulation du problème que le chercheur définit les principaux éléments du problème de recherche et commence à préciser comment il va s'y

---

1. Définition empruntée à P. R. BIZE, P. GOGUELIN et R. CARPENTER, *Le penser efficace, tome II, La problématique*, Paris, Société d'édition d'enseignement supérieur, 1967, p. 12-13.

prendre, tout au long du processus de recherche, pour essayer de combler l'écart entre la situation de recherche insatisfaisante au départ et la situation de recherche désirable à l'arrivée.

On formule un problème principalement parce qu'il est ainsi possible de structurer une question qui orientera ou donnera un sens précis à la recherche visée. C'est la première fonction de la formulation du problème de recherche. Toutes les questions n'ont toutefois par le même degré de pertinence quant à l'objet d'étude ; en effet, la question posée peut déjà avoir obtenu une réponse ou il peut être impossible de formuler une réponse adéquate à la question étant donné l'état des connaissances sur l'objet d'étude. Il peut aussi arriver que la question posée soit trop vague pour féconder une vraie recherche.

Nous sommes ainsi amenés à comprendre la deuxième fonction de la formulation du problème : l'élaboration de la ou des questions pertinentes à poser concernant un objet d'étude. Dans le processus de formulation du problème, il faut pouvoir cerner et mettre en relation les éléments constituants de ce problème, et ce n'est qu'à cette condition que les questions pertinentes ou significatives reliées à l'objet d'étude pourront être isolées. La formulation du problème est donc une étape essentielle de la recherche scientifique nous permettant d'élaborer la ou les questions pertinentes relativement à notre objet d'étude et de construire cet objet en lui donnant un sens ou en intégrant des faits qui, pris en eux-mêmes ou considérés séparément, n'ont pas vraiment de signification. C'est donc le premier pas qui, s'il est posé adéquatement, peut assurer le succès du travail de recherche que nous voulons entreprendre.

Comment cerner un problème général de recherche[2] ?

Ces clarifications étant apportées, nous pouvons maintenant aborder la manière concrète de formuler un problème de recherche. La formulation du problème, nous l'avons déjà dit, est le point de départ de l'ensemble du processus de recherche. Une bonne part du succès ou de l'échec de l'effort de recherche dépendra du sérieux avec lequel aura été abordée cette étape initiale.

---

2. Nous nous sommes inspirés, pour structurer cette partie et la suivante, de l'article de Jacques Chevrier dont la référence figure dans les lectures recommandées à la fin de cette section.

La formulation du problème de recherche comprend deux moments fondamentaux comportant chacun un certain nombre d'étapes à franchir. On circonscrit un problème général de recherche en deux étapes principales : 1) en cernant les éléments du problème, et 2) en énonçant la question générale de recherche. La formulation du problème spécifique de recherche comprend aussi deux étapes essentielles : 1) le choix du problème spécifique de recherche, et 2) l'énonciation de la question spécifique qui donne son sens au futur travail de recherche.

1 Reconnaître les éléments du problème

On ne peut choisir un sujet de recherche et décider immédiatement après de la façon de le traiter, car il faut connaître les dimensions ou les éléments de ce sujet. Bien sûr, un chercheur chevronné qui étudie le même sujet ou la même question générale depuis 10 ou 20 ans peut s'exempter de circonscrire chaque fois le problème général de recherche, mais il en va autrement des débutants qui risqueraient fortement d'hypothéquer leur recherche s'ils ne s'assuraient pas de bien connaître leur sujet avant de commencer à le traiter.

La reconnaissance des éléments et des dimensions du problème de recherche se fera, naturellement, par une lecture attentive des principaux textes de la bibliographie constituée à l'étape précédente. Cette lecture de départ remplit deux fonctions essentielles : elle permet d'abord de déterminer l'ampleur du matériel disponible et fournit une première approximation de la nature du matériel avec lequel on aura à travailler. Dans certains cas, cette première recherche sera un facteur déterminant dans la décision de traiter ou non le thème général retenu. Ainsi, si le matériel est abondant et disponible, la recherche prévue pourra dès lors être entreprise. À cette étape, il ne s'agit pas bien sûr de lire tout le matériel répertorié ; le premier exercice de lecture consiste à consulter uniquement les ouvrages généraux permettant de repérer les dimensions, éléments et angles d'étude possibles et à déterminer les types de relations qui existent entre les éléments du problème général à traiter[3]. Pour simplifier les choses, il est recommandé aux chercheurs débutants de sélectionner

---

3. Ce premier exercice de lecture permet aussi de commencer à déterminer les variables et les indicateurs déjà utilisés par les auteurs dans les travaux antérieurs. Nous préciserons plus loin la signification de ces notions.

un ouvrage général dans la liste bibliographie et de le lire attentivement. Cet ouvrage servira de référence principale, sinon pendant tout le processus d'élaboration du projet de recherche, au moins durant l'étape de la formulation du problème de recherche.

L'exercice de lecture préliminaire permettra ensuite de mieux cerner les concepts utiles à la formulation du problème de recherche.

Le *concept* est un mot, ou une expression, que les chercheurs ont emprunté au vocabulaire courant ou construit de toutes pièces pour désigner ou circonscrire des phénomènes de la réalité observable qu'ils désirent étudier scientifiquement. C'est une représentation abstraite d'une réalité observable ; elle n'est donc jamais parfaitement conforme au phénomène réel qui, de toute façon, ne peut jamais être complètement connu. En ce sens, l'explication scientifique, comme toutes les autres formes d'explications, n'est jamais qu'une approximation de la réalité. Mais, aussi imparfaite soit-elle, la connaissance scientifique, comme tous les autres modes de connaissance, demeure notre seul et unique instrument pour circonscrire le mieux possible cette réalité observable. Et comme le concept est l'outil de base de la méthode scientifique, c'est aussi l'instrument privilégié pour traduire notre représentation mentale de la réalité et construire notre explication de cette réalité. C'est d'ailleurs pourquoi on affirme souvent que l'explication scientifique n'est qu'une expérimentation ou une vérification de relations possibles entre des concepts ou entre les attributs de ces concepts.

Cela dit, le concept en milieu scientifique et le même terme utilisé dans le langage courant ne représentent pas exactement la même réalité. Par exemple, les mots « poids » et « masse » font référence à une même réalité mais ne véhiculent pas exactement la même information ; en effet, le poids est un terme du langage courant que les physiciens ont remplacé par le concept de masse, construit de toutes pièces, parce qu'il permet d'incorporer plus complètement l'ensemble des propriétés que comporte le phénomène de la pesanteur. En sciences sociales, à la différence des sciences exactes, on utilise plus souvent des mots du vocabulaire commun comme des concepts scientifiques. C'est le cas, par exemple, de l'expression « démocratie » que les politologues emploient autant que les journalistes ou le grand public. Mais le terme n'a pas alors la même signification pour le politologue qui l'emploie comme concept scientifique et qui, en conséquence, doit en préciser les propriétés.

Les concepts sont donc des instruments de la méthode scientifique qui interviennent au moment de la formulation du problème de recherche. À cette étape, les chercheurs utilisent les concepts essentiellement pour reconnaître les éléments ou les dimensions qui se rapportent au problème général et également pour préciser les relations établies ou postulées entre ces éléments.

Le concept intervient à nouveau dans le processus de recherche à l'étape de l'énonciation de la question spécifique de recherche. Nous y reviendrons alors. Pour le moment, soulignons que l'instrument fondamental en recherche scientifique est le concept; c'est le pivot de la méthode scientifique sur lequel repose tout notre savoir. Sans concept bien défini, aucune connaissance scientifique n'est possible. Sartori, Riggs et Teune donnent à cet effet l'exemple du jeu de cartes qui illustre bien l'importance des concepts en recherche scientifique[4]. Il n'est possible, disent-ils, de jouer aux cartes que parce que tous les joueurs s'entendent sur la valeur accordée à chacune des cartes utilisées. C'est sensiblement la même chose en recherche scientifique où, en l'absence de consensus sur la signification des concepts utilisés, il est peu probable que cette discipline puisse fournir un corpus de connaissances structurées sur la réalité observable. Voilà pourquoi les chercheurs doivent être attentifs aux concepts qu'ils utilisent. Mais cet exercice est complexe en raison de son niveau d'abstraction, et c'est la raison pour laquelle les étudiants qui commencent en recherche doivent se préoccuper des concepts sans nécessairement tenter de les circonscrire de façon définitive. Ils doivent être au fait de l'existence des concepts et de leur rôle précis en recherche, ils doivent donc veiller à définir méticuleusement les principaux termes utilisés dans leur recherche parce que c'est ainsi qu'ils se prépareront à travailler avec des concepts plus élaborés à la maîtrise et au doctorat.

Dans l'exemple du rôle des sondages politiques dans le fonctionnement de la démocratie, nous avons sélectionné comme référence principale l'ouvrage de Vincent Lemieux intitulé *Les sondages et la démocratie*. La lecture de l'ouvrage de Vincent Lemieux nous est utile, en premier lieu, pour définir et préciser le sens du concept de

---

4. Giovanni SARTORI, Fred W. RIGGS et Henry TEUNE, *Tower of Babel, on the Definition and Analysis of Concepts in the Social Sciences*, Pittsburg, International Studies Association, Occasional Paper nᵒ. 6, 1975, p. 10.

« démocratie » et du concept de « sondages politiques[5] ». Ces définitions nous renseignent ensuite sur les façons dont les résultats de
sondages d'opinion contribuent au maintien de la démocratie.

2 Énoncer la question générale et choisir le thème particulier de recherche

La formulation du problème permet de cerner les dimensions et les
éléments généraux du thème de recherche qui a été retenu. Cette
étape sert également à repérer dans la littérature les relations que les
auteurs ont déjà constatées ou qu'ils postulent entre certains éléments liés au thème central. Une fois ces tâches accomplies, le moment est venu d'énoncer la question générale et de choisir le thème
particulier de recherche à propos duquel l'étude sera menée. Ce
choix nous oblige à revenir à la bibliographie constituée au départ
afin de vérifier s'il existe suffisamment de matériel pour traiter le
thème particulier choisi. En général, la disponibilité des sources est
le principal critère de choix à cette étape de la recherche.

Et si, effectivement, la consultation de la bibliographie révèle
l'existence d'un matériel assez abondant sur le thème particulier
que nous voulons traiter, alors rien n'empêche de retenir ce thème
pour notre travail. Il ne restera alors qu'à formuler la question générale relativement à ce thème. Dans le cas du thème de la contribution des résultats de sondages au maintien de la démocratie, nous
pourrions, par exemple, choisir l'utilisation des résultats de sondages par les décideurs politiques comme problème général de recherche, et poser la question générale suivante : est-ce que les décideurs
politiques utilisent les résultats de sondages pour mieux servir les
finalités démocratiques ?

Comment formuler le problème spécifique de recherche ?

Nous sommes maintenant arrivés à l'étape de la formulation du problème spécifique de recherche qui constitue le deuxième grand moment
de la formulation du problème. Cette étape comporte deux sous-étapes :

---

5. La référence de l'ouvrage de Vincent Lemieux et les définitions des concepts en
   question sont présentées dans l'illustration qui suit ce chapitre.

1) le choix du problème spécifique de recherche, et 2) l'énonciation de la question spécifique de recherche.

1 Choisir le problème spécifique de recherche

Le choix du problème spécifique de recherche consiste 1) à identifier l'approche théorique qui sous-tend la recherche à entreprendre et 2) à repérer une ou plusieurs lacunes dans les travaux antérieurs traitant du même sujet et, partant, de combler ces lacunes. Dès lors, quelle procédure doit-on suivre pour cerner le ou les problèmes de recherche ? Il faut lire, non plus des ouvrages généraux, mais bien des études et des analyses sur le thème particulier qu'on veut traiter, car c'est de ces sources que jaillira le problème spécifique de recherche à isoler pour justifier notre propre analyse ou la façon dont sera étudié notre objet d'étude.

Comme nous l'avons vu à l'étape précédente, un vrai problème de recherche repose sur une approche théorique particulière. C'est cette approche théorique qui fournit l'articulation logique sur laquelle le chercheur se base pour anticiper certains résultats plutôt que d'autres.

Une *approche théorique* est une structure potentielle d'explication qui comporte un certain nombre d'éléments. Elle comprend d'abord des postulats (principes premiers indémontrables ou indémontrés) qui traduisent la vision des choses sur laquelle elle s'appuie ainsi que des concepts qui permettent de cerner et de classifier les phénomènes à étudier. Elle précise, par des propositions, l'ensemble des relations postulées entre les concepts et les sous-concepts de l'approche et pose quelques hypothèses sur des relations entre concepts qui, si elles peuvent être vérifiées et confirmées, pourront être transformées en lois générales ou en généralisations théoriques. Ce n'est que lorsqu'on aboutit à de telles lois générales que l'on peut parler de *théories*. Il est souvent abusif d'utiliser ce terme en sciences sociales, puisque nos recherches n'ont guère permis de générer jusqu'ici de telles généralisations théoriques.

De façon générale, plusieurs approches théoriques rivales coexistent à l'intérieur de chaque sous-champ d'une discipline scientifique donnée et peuvent servir à l'étude d'un problème général de recherche. Chacune de ces approches théoriques met l'accent sur des problématiques et des questionnements différents. Il incombe donc au chercheur de trouver, à l'étape du problème spécifique, l'approche théorique pertinente. Il est fort probable, en effet, que certaines approches théoriques seront mieux appropriées que d'autres au problème spécifique que le chercheur aura posé à l'intérieur de son problème général de recherche.

L'étude de l'utilisation politique des sondages d'opinion (notre problème général de recherche) met aux prises deux grandes approches théoriques rivales d'explication de la coïncidence des résultats de sondages d'opinion avec les décisions du gouvernement. La première, que nous appellerons approche « pluraliste », postule que l'opinion publique est une force politique distincte et cohérente capable d'influencer le comportement des décideurs politiques. Selon l'approche pluraliste, si les décisions du gouvernement coïncident avec l'opinion publique, c'est parce que les décideurs politiques se plient à l'opinion publique. À l'inverse, l'approche « constructiviste » postule que l'opinion publique n'existe pas en tant qu'entité cohérente, distincte des influences multiples qui la façonnent. Selon l'approche constructiviste, s'il y a coïncidence entre l'opinion publique et les décisions du gouvernement sur certaines questions, c'est plutôt parce que les décideurs politiques préparent ou mobilisent, souvent avec l'aide des médias, l'opinion publique sur ces questions. Notre question générale de recherche, qui a trait à la coïncidence entre l'opinion publique et les décisions gouvernementales, débouche donc sur deux problèmes spécifiques distincts selon l'approche théorique que l'on privilégie. Si le chercheur choisit l'approche pluraliste, son problème spécifique sera de déterminer si les décideurs politiques ont tendance à se plier à l'opinion publique (plutôt que de passer outre l'opinion publique) et, dans l'affirmative, de savoir pourquoi. À l'inverse, si le chercheur épouse plutôt l'approche constructiviste, son problème spécifique sera de savoir dans quelle mesure et comment les décideurs gouvernementaux mobilisent (ou manipulent) le soutien de l'opinion publique pour les politiques qu'ils préfèrent.

L'approche théorique constitue donc un ensemble intégré de concepts et de sous-concepts que l'on tente habituellement d'utiliser pour mieux structurer l'explication de la réalité observable. Dans le projet de recherche, l'approche théorique intervient d'abord au moment de la formulation du problème puisqu'elle peut fournir l'assise à l'énoncé de la question spécifique de recherche. Dans un tel cas, elle intervient également au moment de la structuration de l'hypothèse et de la construction du cadre opératoire.

La formulation du problème spécifique de recherche comporte, ensuite, l'identification des lacunes constatées dans les analyses ou les travaux antérieurs portant sur le thème particulier que nous voulons traiter. C'est la constatation d'une ou plusieurs lacunes de ce type qui justifie et établit la raison d'être de notre travail de recherche.

Concrètement, à l'instar de Chevrier dans son texte sur la spécification de la problématique, différents types de problèmes de recherche peuvent être repérés. On peut d'abord constater une absence totale ou partielle de connaissances ou d'analyses sur le thème qu'on veut traiter. On peut découvrir par ailleurs des lacunes méthodologiques dans des travaux antérieurs ; leurs conclusions devraient alors être remises en question. Ces problèmes de méthode, de nature variée, peuvent résulter d'un cadre opératoire défectueux ou incomplet, de lacunes dans la collecte de l'information ou encore d'une mauvaise application de certaines techniques d'analyse. Quelle que soit leur raison d'être, les lacunes méthodologiques constituent un problème justifiant un nouveau travail de recherche.

Voici une liste des lacunes susceptibles d'être rencontrées pour vous aider dans l'identification des problèmes spécifiques de recherche :

◊ Généralisation non appuyée par une démonstration empirique ou, plus généralement, affirmation non soutenue par une démarche scientifique.

◊ Impossibilité de généraliser des conclusions par suite d'une étude trop partielle.

◊ Conclusions contradictoires

◊ Des problèmes de méthode invalident les conclusions d'une recherche. Des problèmes de méthode peuvent être rencontrés, soit dans le cadre opératoire (par exemple, les variables sont mal définies ou leurs indicateurs ne sont pas valides), soit dans les techniques d'analyse des données.

◊ Lacunes dans la collecte de l'information.

◊ Les résultats de recherche sont périmés.

◊ Mauvaise approche théorique si bien que le problème de recherche n'est pas le bon problème.

En conclusion, rappelons simplement deux éléments particulièrement importants concernant le problème spécifique de recherche : 1) le problème dont il est question est un problème de recherche lié à une approche théorique particulière et visant à combler une ou plusieurs lacunes que l'on a constatées dans les travaux antérieurs portant sur le thème particulier à traiter ; 2) il s'agit d'une étape importante du processus de formulation du problème puisque c'est elle qui justifie la question spécifique de recherche et constitue l'unique raison d'être du travail à entreprendre.

2   Énoncer la question spécifique de recherche

Le questionnement est sans doute l'élément crucial de la recherche scientifique. Ainsi, la question de départ donne un sens, structure et oriente tout travail de recherche ; c'est pourquoi il importe de poser la bonne question à propos d'un objet d'étude donné. On doit donc formuler une question pertinente, énoncée en termes clairs et précis et à laquelle on pourra répondre compte tenu de nos connaissances sur l'objet d'étude et surtout de l'information disponible.

Il n'existe pas de recette magique sur la façon de poser une question spécifique de recherche, mais cette question sera d'autant plus facile à formuler que l'on aura travaillé minutieusement chacune des étapes antérieures de la formulation du problème.

Ainsi, pour revenir à la question de l'utilisation politique des sondages, la lecture attentive de la littérature pertinente nous aura permis de découvrir que de nombreux chercheurs américains ont adopté une optique pluraliste sur cette question et se sont depuis longtemps préoccupés de savoir dans quelle mesure les décideurs politiques se plient à l'opinion publique. Mais cette problématique a rarement été abordée par les chercheurs en dehors des États-Unis. Ainsi se pose la question de savoir si les conclusions des chercheurs américains en la matière peuvent s'appliquer au cas européens ou canadien.

Nous pourrions préciser notre question spécifique de recherche en choisissant un domaine particulier de politique publique (la santé ou la politique étrangère, par exemple). Nous pourrions aussi orienter notre projet de recherche dans une direction un peu différente, en comparant le rôle de l'opinion publique dans l'élaboration de politiques gouvernementales contemporaines dans deux ou plusieurs pays, les États-Unis et le Canada par exemple. C'est précisément ce que nous nous proposons de faire dans les illustrations qui suivent chacun des chapitres à venir.

RÉSUMÉ

Principales étapes de la formulation du problème

1. ~~Choix du sujet~~.
   A. Justification politique et sociale du choix du sujet et identification des utilisateurs potentiels
   B. Choix d'un thème particulier ou d'un axe à l'intérieur du thème.

2. Formulation du problème général de recherche
   A. Identification des éléments et concepts généraux du problème.
   B. Énonciation de la question générale

3. Formulation du problème spécifique de recherche.
   A. Identification des lacunes et controverses théoriques et choix du problème spécifique de recherche.
   B. Énonciation de la question spécifique de recherche.

Activités connexes

Construire la bibliographie exhaustive.

Premier exercice de lecture : ouvrages généraux.

Deuxième exercice de lecture : consultation systématique des ouvrages spécialisés sur le thème particulier de la recherche.

Comment formuler un problème de recherche

1. Choisir un sujet ou thème général suffisamment vaste mais pas trop.

2. Consulter les ouvrages généraux afin de repérer les dimensions ou sous-éléments du thème général tels qu'ils sont traités dans la littérature.

3. Retenir un de ces sous-éléments (en justifiant son choix) et formuler à son égard une question générale.

4. Consulter les ouvrages spécialisés sur ce thème particulier de façon à :
   - déterminer comment le thème particulier a été traité dans la littérature ;
   - déceler les lacunes ou les problèmes de recherche (références à l'appui) constatés.

5. Énoncer une question spécifique de recherche justifiée sur la base des lacunes constatées dans la littérature.

LECTURES RECOMMANDÉES

BIZE, P. R., P. GOGUELIN et R. CARPENTIER, *Le penser efficace,* tome II, *La problématique,* Paris, Société d'édition d'enseignement supérieur, 1967, chapitre premier, p. 11-18.

CHEVRIER, Jacques, « La spécification de la problématique », dans Benoît Gauthier (sous la direction de), *Recherche sociale, de la problématique à la collecte des données,* Sillery, Presses de l'Université du Québec, troisième édition, 1997, p. 51-82.

CONTANDRIOPOULOS, André-Pierre *et al., Savoir préparer une recherche, la définir, la structurer, la financer,* Montréal, Les Presses de l'Université de Montréal, 1990, p. 17-24.

MICHAUD, Nelson, *Praxis de la science politique. Une porte ouverte sur les méthodes, les champs et les approches de la discipline,* Québec, Les Presses de l'Université Laval, 1997, p. 58-61.

QUIVY, Raymond et Luc VAN CAMPENHOUDT, *Manuel de recherche en sciences sociales,* 2ᵉ éd. revue et augmentée, Paris, Dunod, 1995, p. 21-103.

ILLUSTRATION
de la formulation du problème

Titre (rappel)

L'utilisation des sondages d'opinion par les décideurs politiques

Rappel du sujet

Dans cette recherche, nous nous demanderons si les résultats de sondages d'opinion sont utiles au bon fonctionnement de la démocratie dans nos sociétés.

Problème général de recherche

La lecture de l'ouvrage général de Vincent Lemieux nous a permis de mettre en place les grands éléments du problème de la contribution des résultats de sondages d'opinion au maintien de la démocratie et les concepts importants qui lui sont associés.

1 Éléments du problème

Notre problème de recherche s'articule autour de deux concepts qu'il convient de définir.

Définition du concept de sondage politique : ici nous ne considérerons que les questions de sondages qui ont trait aux solutions spécifiques proposées pour régler les problèmes politiques, c'est-à-dire les lois, les décrets et règlements, ou les accords internationaux.

Définition du concept de démocratie : la démocratie est un système politique compétitif où les leaders responsables politisent les conflits et y appliquent des solutions de telle façon que les citoyens puissent participer aux décisions qui les concernent. Cette définition, tirée de l'ouvrage de Vincent Lemieux, s'appuie sur cinq grandes caractéristiques (sous-concepts) : la compétition, le leadership, la responsabilité (au sens où les décideurs politiques répondent aux attentes des citoyens), la politisation des conflits et la participation populaire.

Ces caractéristiques nous permettent d'isoler analytiquement un certain nombre d'éléments ou axes de recherche associés à notre problème général. Chaque élément conduit à une question générale de recherche. Voici un échantillon d'éléments et de questions générales de recherche ayant trait au sujet de la contribution des résultats de sondage au maintien de la démocratie :

◊ Pour contribuer à la participation démocratique des masses, il est clair que les résultats de sondages doivent, autant que possible, donner une information exacte et authentique de l'état de l'opinion publique. La question se pose dès lors de savoir si les techniques de sondages respectent bien les règles scientifiques d'échantillonnage, d'administration et d'interprétation des résultats garantissant leur exactitude.

◊ À supposer que les résultats de sondages donnent une représentation fidèle de l'état de l'opinion, leur contribution au maintien de la démocratie va certainement dépendre de l'utilisation qui en est faite par les décideurs politiques. D'où la question de savoir si les décideurs politiques se plient plus ou moins aveuglément aux résultats de sondages ou s'ils font fi , au contraire, des résultats de sondages.

◇ Selon une troisième interprétation, les sondages contribuent à la politisation des conflits par leur aspect de consultations populaires instantanées ressemblant fort à des référendums. On doit toutefois constater que les sondages ne sont pas véritablement des consultations populaires ; ils ne comportent pas forcément de débats publics où des opinions rivales peuvent s'affronter. On doit donc se demander si les sondages d'opinion donnent ou ne donnent pas lieu à des débats publics.

Question générale et le choix du thème particulier

Nous avons choisi d'étudier le deuxième axe de recherche portant sur l'utilisation des résultats de sondages par les décideurs politiques. La question générale de recherche qui nous guidera dans l'élaboration de cet exemple peut donc être formulée de la façon suivante : est-ce que l'utilisation des sondages par les décideurs politiques est conforme aux finalités démocratiques ?

Le thème de l'utilisation des sondages d'opinion par les décideurs politiques est déjà plus précis que celui de la contribution des sondages d'opinion au processus démocratique. Il demeure néanmoins trop large pour faire l'objet d'un travail sérieux. L'étude de l'utilisation des résultats de sondages par les décideurs politiques soulève une multitude de questions distinctes, bien qu'elles soient liées entre elles. Il s'avère donc nécessaire de restreindre notre objet d'étude en précisant le problème spécifique que nous allons étudier. Voici un échantillon de problèmes spécifiques de recherche ayant trait chacun à l'utilisation des résultats de sondages par les décideurs politiques :

◇ Les décideurs politiques peuvent utiliser les résultats de sondages pour jauger l'opinion plus exactement qu'ils ne pourraient le faire autrement et, par conséquent, prendre des décisions qui répondent mieux aux attentes des citoyens. Cette explication a une indéniable résonance démocratique, mais elle comporte un risque d'utilisation à courte vue des sondages (gouvernement par sondages) qui entraînerait une érosion du leadership politique à plus ou moins long terme.

◊ Selon un autre argument, les sondages révèlent l'ignorance des masses sur certaines questions politiques et indiquent ainsi les zones où il convient d'améliorer l'information et l'éducation des citoyens. Les résultats de sondages d'opinion sont donc potentiellement utiles à la participation démocratique des citoyens. Cependant, les sondages qui révèlent l'ignorance des citoyens peuvent inciter les élites gouvernantes à exploiter cette ignorance ou à manipuler les préférences populaires à des fins intéressées et égoïstes. Si l'opinion publique est manipulée par les élites gouvernantes de façon à provoquer un consensus artificiel qui ne reflète pas vraiment les préférences de la population, on ne peut plus parler de démocratie de participation, même si les décisions gouvernementales suivent apparemment la volonté populaire.

◊ Les résultats de sondages d'opinion peuvent aussi servir à freiner la puissance toujours grandissante des groupes de pression organisés. Les sondages sont certainement utiles pour la démocratie lorsqu'ils montrent que les positions des groupes organisés ne sont pas majoritaires dans l'opinion. Cependant, comme l'écrit Vincent Lemieux, « les sondages n'assurent pas que les majorités silencieuses vont l'emporter sur les minorités bruyantes » (p. 84). En effet, les groupes organisés disposent d'un double avantage par rapport à l'opinion publique lorsqu'il est question d'influencer les politiques gouvernementales. Les groupes sont capables d'action organisée, pas l'opinion publique ; les groupes ont un accès direct au pouvoir alors que l'accès au pouvoir de l'opinion publique n'est, au mieux, qu'indirect.

Dans cette recherche, nous avons choisi de traiter le premier problème. Nous tenterons donc de répondre à la question suivante : est-ce que les décideurs politiques utilisent les résultats de sondages d'opinion pour répondent aux attentes des citoyens. Autrement dit, est-ce que les décideurs politiques ont plutôt tendance à se plier aux résultats de sondages d'opinion ou, au contraire, est-ce qu'ils ont tendance à ne pas tenir compte des résultats de sondages ?

Le problème spécifique

Ayant limité notre objet à un aspect de l'utilisation des sondages par les décideurs politiques, il s'avère dès lors nécessaire d'entreprendre un second exercice de lecture, spécifique celui-là, qui aura deux fonctions principales : faire le point sur l'état des connaissances accumulées par les chercheurs sur notre objet d'étude de façon à repérer les lacunes ; voir comment le problème a été posé et traité par les autres chercheurs et proposer, le cas échéant, une meilleure conceptualisation du problème. À l'issue de notre inventaire critique de la littérature, nous serons à même de formuler notre question spécifique de recherche.

1 Approche théorique

Notre problème spécifique de recherche s'inspire de l'approche pluraliste du rôle de l'opinion publique dans la vie politique. L'approche pluraliste postule que l'opinion publique est une force collectivement rationnelle et autonome capable d'influencer les décisions gouvernementales.

2 Principales lacunes dans les recherches antérieures

Il existe de nombreuses études de cas sur les décisions de politiques publiques. Ces études de cas s'intéressent avant tout au jeu des acteurs gouvernementaux dans le processus de décision et d'adoption des politiques et posent rarement la question du rôle des sondages d'opinion dans ce processus.

Il existe aussi de nombreuses recherches sur l'opinion publique dans les sociétés industrialisées. Ces recherches étudient surtout comment les citoyens arrivent à une opinion politique sans se préoccuper de l'effet de l'opinion publique sur les décisions gouvernementales.

Une lecture attentive de la littérature portant sur l'utilisation politique des résultats de sondages nous a permis de découvrir que plusieurs chercheurs américains ont adopté une optique pluraliste sur cette question et se sont préoccupés de savoir si les décideurs politiques se plient effectivement à l'opinion publique. Mais cette problématique a rarement été abordée par les chercheurs en dehors des États-Unis. Ainsi se pose la question de savoir si les conclusions des chercheurs américains en la matière peuvent s'appliquer au cas européen ou canadien.

L'expérience de tous les jours et la lecture méticuleuse des études empiriques reliées à notre thème particulier nous permettent de constater des variations dans les réponses des décideurs politiques aux résultats de sondages. Il est certain que certaines décisions gouvernementales sont influencées par l'opinion publique ; il est tout aussi évident que les décideurs politiques passent parfois outre à l'opinion publique. Cependant nous connaissons encore trop mal les facteurs d'explication susceptibles d'influencer la relation entre l'opinion publique et les politiques publiques.

Étant donné les lacunes observées dans la littérature spécialisée, nous estimons qu'il est justifié d'entreprendre de nouvelles recherches.

3 Question spécifique

Nous énoncerons la question spécifique de recherche suivante :

Est-ce que les décisions gouvernementales ont tendance à s'accorder avec les résultats de sondages d'opinion ? Quels sont les grands facteurs d'explication de la relation entre l'opinion publique et les décisions gouvernementales ?

Nous tenterons de répondre à cette question spécifique à l'étape suivante en formulant quelques hypothèses d'explication du comportement des décideurs politiques. Notre question spécifique soulève toutefois deux questions subsidiaires importantes qui devront être évoquées, sinon étudiées en profondeur, dans notre projet de recherche :

◇ Dans l'affirmative, est-ce qu'il est possible de dire que les décideurs politiques se plient à la volonté populaire telle que la reflètent les résultats de sondages ? Ou est-ce qu'au contraire l'accord entre opinion publique et décisions gouvernementales résulte du fait que les élites gouvernantes ont mobilisé ou même manipulé l'opinion publique pour mieux légitimer leurs choix politiques ?

◇ S'il y a eu désaccord entre opinion et politique, est-ce que les décideurs politiques ont cru malgré tout qu'ils suivaient l'opinion, soit parce qu'ils ont mal interprété les sondages d'opinion, soit parce qu'ils ont utilisé d'autres sources d'information que les sondages pour construire leur interprétation de l'opinion ?

POSER L'HYPOTHÈSE

O N pourrait, bien sûr, noircir de fort nombreuses pages à propos de l'hypothèse du processus de recherche. Mais l'objectif fixé au départ nous oblige à aller à l'essentiel. Les lecteurs pourront consulter les manuels de méthodologie au fur et à mesure qu'ils progresseront en recherche afin de parfaire leurs connaissances. Pour le moment, les aspects qu'il nous paraît le plus utile d'aborder sont la nature de l'hypothèse, son rôle dans le processus de recherche, et les qualités et la vérification de l'hypothèse.

Qu'est-ce qu'une hypothèse ?

Tous les spécialistes de méthodologie savent ce qu'est une hypothèse, mais ils ne la définissent pas toujours de la même façon. Nous ne pouvons donc reproduire une définition communément admise par tous, mais nous pouvons néanmoins en proposer une.

> L'hypothèse peut être envisagée comme une réponse anticipée que le chercheur formule à sa question spécifique de recherche. Manheim et Rich la décrivent comme un énoncé déclaratif précisant une relation anticipée et plausible entre des phénomènes observés ou imaginés[1].

---

1. Sans trop entrer dans les détails, il est sans doute approprié de préciser que l'hypothèse dont il est question ici est du type *hypothèse-interaction* qu'il convient de distinguer, comme le rappelle Loubet del Bayle, de *l'hypothèse-uniformité*. La première, plus élaborée, sous-tend une relation entre concepts, tandis que la seconde, plus simple, porte sur un seul concept ou sur un seul phénomène observé.

L'hypothèse établit donc une *relation* qu'il nous faudra vérifier en la comparant aux faits. C'est une relation qui sera établie entre les concepts ou, plus précisément, entre des attributs de concepts qui représentent et servent à décrire les phénomènes observés. Les auteurs distinguent habituellement les concepts opératoires, termes clés contenus dans l'hypothèse, des concepts théoriques, utilisés dans la formulation du problème de recherche. Car la relation entre les phénomènes, désignés par des concepts, que l'on pose dans l'hypothèse doit déjà être plus précise et plus immédiatement observable que celle qui a été établie au moment de la formulation du problème.

Supposons que la formulation du problème de recherche nous ait amenés à énoncer une question spécifique sur le lien possible entre la dépendance d'un État A envers un État B et la conformité de politique étrangère entre ces deux mêmes États. Nous postulons alors une relation entre deux concepts ou termes clés que l'on peut représenter de la façon suivante :

Dépendance ⟶ *Conformité de politique étrangère*

La flèche qui relie les deux concepts peut s'interpréter comme signifiant que la dépendance observée est associée à la conformité observée ; elle peut aussi s'interpréter comme voulant dire que la dépendance cause la conformité, ce qui est bien sûr passablement différent. Nous reviendrons sur la distinction entre lien d'association et lien de causalité à la prochaine étape.

Pour le moment, contentons-nous de constater que les concepts théoriques de dépendance et de conformité sont trop abstraits pour faire l'objet d'une recherche empirique ; il faut donc les transformer en concepts opératoires, ou en termes clés plus précis, à l'étape de la structuration de l'hypothèse. La construction du concept opératoire consiste alors à désigner des sous-concepts qui seront généralement des propriétés ou des attributs plus concrets du concept central. La relation établie à l'étape de la formulation du problème pourra donc être transformée et concrétisée au moment d'énoncer l'hypothèse de la façon suivante :

Dépendance économique ⟶ *Appui à la politique étrangère de l'État dominant*

L'hypothèse peut être formulée ainsi :

> Un haut niveau de dépendance économique d'un État en-
> vers un autre État est susceptible d'entraîner de la part du
> premier un appui à la politique étrangère du second.

La dépendance économique, qui est une dimension de la dépendance en générale, concrétise alors le premier concept central, tandis que l'appui, qui est un attribut de la conformité, précise le
second concept théorique. Mais ces concepts opératoires sont encore trop larges pour faire l'objet d'une recherche empirique ; il nous
faudra donc les préciser au moyen de variables et d'indicateurs à
l'étape de la construction du cadre opératoire.

Quel rôle l'hypothèse joue-t-elle dans le processus de recherche ?

La façon la plus simple d'envisager l'hypothèse étant de la considérer comme une réponse anticipée à la question spécifique de recherche énoncée après avoir formulé le problème, on peut saisir plus
adéquatement son véritable rôle en tant que lien entre les deux parties centrales de la méthode scientifique. L'hypothèse est à la fois le
résultat de la conceptualisation et le point de départ de l'expérimentation ou de la vérification ; elle joue ainsi le rôle d'un pont entre le
travail d'élaboration théorique, dont elle constitue en quelque sorte
l'aboutissement, et le travail de de la vérification, auquel elle fournit l'orientation générale[2].

L'hypothèse constitue, par ailleurs, le pivot ou l'assise centrale de
tout travail scientifique. Sachant, au départ, que toute connaissance
scientifique ne progresse qu'en présence d'un questionnement, ce
dernier ne peut être productif que si on lui fournit une orientation
de réponse éventuelle au moyen de l'hypothèse. C'est pourquoi l'hypothèse est au centre du projet de recherche et du travail scientifique dans la mesure où la démonstration à structurer n'est rien
d'autre que la vérification de l'hypothèse ; c'est donc l'hypothèse qui
oriente et donne son sens à la démonstration. Toute recherche

---

2. Lorsque le chercheur utilise une approche inductive, l'hypothèse est alors produite directement à la suite de l'observation de la réalité. Dans ce cas, elle précède l'élaboration conceptuelle, laquelle pourra par la suite être comparée à la
   réalité au moyen d'une ou plusieurs hypothèses plus élaborées.

scientifique, même simplement exploratoire, doit comporter au moins une hypothèse minimale.

Il faut donc retenir que le concept constitue l'élément de base de la méthode scientifique, mais que l'hypothèse est le pivot de tout travail de recherche puisqu'elle fournit l'orientation générale de ce travail[3].

Quelles sont les caractéristiques de l'hypothèse ?

En raison de son importance dans le travail de recherche, on conviendra facilement qu'il faut apporter un soin méticuleux à la formulation de l'hypothèse, donc qu'il faut respecter un certain nombre de règles ou d'attributs qui permettront la meilleure formulation possible de l'hypothèse et, ce faisant, faciliteront d'autant le travail de vérification. Les ouvrages de méthodologie énoncent plusieurs de ces règles, mais nous ne retiendrons que les cinq plus importantes.

Une hypothèse doit être plausible, c'est-à-dire qu'elle doit avoir un rapport assez étroit avec le phénomène qu'elle prétend expliquer. Mais ce rapport ne peut être parfait car, possédant alors une certitude ou une vérité scientifique, il ne serait pas nécessaire de formuler une hypothèse ! Une hypothèse ne doit pas servir à démontrer une vérité évidente, elle doit plutôt laisser place à un certain degré d'incertitude. Ainsi, il ne sert à rien de poser comme hypothèse que l'eau gèle à 0 °C puisque ce fait a déjà été vérifié de façon concluante. À l'inverse, il est possible de formuler des hypothèses à propos de relations que plusieurs considèrent évidentes mais qui n'ont jamais été vérifiées complètement.

---

3. La forme d'hypothèse dont il a été principalement question ici est l'hypothèse déductive. Même si la présentation a été réduite au strict minimum pour ne pas alourdir le texte, il ne faudrait pas en conclure que tout a été dit sur ce sujet. Il aurait sans doute fallu élaborer davantage sur l'hypothèse inductive, les types d'hypothèses selon leur contenu et leur degré d'élaboration ainsi que le nombre d'hypothèses à formuler dans une même recherche. En raison des limites imparties à cet ouvrage, nous avons préféré ne pas développer davantage, d'autant plus que le danger de confusion aurait été réel pour des chercheurs débutants en l'absence de toutes les nuances qu'il aurait été impossible d'apporter sans alourdir considérablement le texte. Pour des précisions additionnelles sur ces éléments de même que les qualités de l'hypothèse, nous suggérons au lecteur de consulter J.L. LOUBET DEL BAYLE, *Introduction aux méthodes des sciences sociales*, Toulouse, Privat, 1986, chapitre 3.

La plausibilité de l'hypothèse fait également référence à sa pertinence par rapport au phénomène étudié. Pour déterminer cette pertinence, il faut avoir lu beaucoup sur le ou les phénomènes que nous voulons étudier parce que l'aptitude à formuler une hypothèse pertinente est directement proportionnelle à la connaissance que nous aurons acquise sur l'objet d'étude. Autrement dit, mieux nous connaîtrons notre objet, plus nous aurons de chance de poser une hypothèse pertinente à son propos. Et seule une lecture approfondie nous permettra de bien connaître cet objet.

Une hypothèse doit être vérifiable. Il ne sert à rien de poser une hypothèse sur le sexe des anges puisque nous ne pourrons jamais vérifier cette hypothèse, vu l'absence d'informations concrètes sur le sujet. L'information disponible devient donc un critère déterminant dans la vérification de l'hypothèse. L'hypothèse est par conséquent tributaire des éléments généraux du problème tout autant que du type de données auxquelles nous aurons accès pour la vérification de l'hypothèse.

Une hypothèse doit être précise. Ainsi, sa formulation doit éviter toute ambiguïté et toute confusion quant au choix des concepts ou termes clés utilisés et à la relation postulée à cette étape. Les termes clés de l'hypothèse doivent être suffisamment précis et représenter le plus adéquatement possible les phénomènes ou les dimensions des phénomènes à l'étude ; la relation postulée entre ces phénomènes doit aussi être spécifique et éviter toute forme d'ambiguïté.

Une hypothèse doit être générale, c'est-à-dire que son pouvoir d'explication va au-delà du cas particulier. La meilleure façon de rendre une hypothèse générale est de s'assurer qu'elle est inspirée d'une approche (un modèle) théorique. Ainsi l'hypothèse liant la dépendance économique d'un État dominé à l'appui à la politique étrangère de l'État dominant pourrait trouver son origine dans le modèle théorique néo-mercantiliste, selon lequel les États-nations cherchent à maximiser leur puissance par tous les moyens, y compris les relations commerciales[4].

Une hypothèse doit être communicable. Elle doit être comprise d'une seule et même façon par tous les chercheurs, car le contrôle ultime du travail scientifique consiste en ce que quelqu'un d'autre

---

4. Une excellente illustration des thèses néo-mercantilistes est offerte par Albert O. Hirshman, *National Power and the Structure of Foreign Trade*, Berkeley, University of California Press, 1980.

puisse reproduire, pour les vérifier, les étapes de notre démonstration. Pour ce faire, il lui faut donc, au départ, avoir compris exactement ce que nous voulions démontrer. D'où l'importance de bien saisir le sens et la portée de notre hypothèse.

Comment vérifier une hypothèse ?

On ne doit pas chercher à prouver ou à démontrer à tout prix la véracité d'une hypothèse. En recherche scientifique, il faut vérifier le plus objectivement et le plus méticuleusement possible l'hypothèse sur laquelle s'appuie la recherche[5]. Cette vérification peut naturellement mener à une confirmation ou à une infirmation de l'hypothèse, mais l'attitude de départ doit être d'infirmer l'hypothèse, car c'est cette attitude qui renforce le doute, caractéristique de toute démarche scientifique, et qui réduit le risque d'interpréter les faits pour les orienter à tout prix dans le sens de l'hypothèse, et ce, au détriment de leur signification.

L'hypothèse ne saurait être confirmée uniquement sur la base de quelques données alignées comme preuve de l'existence de la relation postulée. Au contraire, on ne pourra affirmer que l'hypothèse est confirmée que dans la mesure où aucune des données recueillies ne l'invalide. Pour renforcer cette attitude de doute que l'on doit constamment maintenir à l'égard de ses propres énoncés ou de sa démonstration, certains chercheurs gardent toujours à l'esprit des contre-hypothèses ou hypothèses rivales. Ce sont en quelque sorte des explications contraires ou différentes de celles que l'on postule et dont la présence renforce l'attitude de recul que l'on doit posséder à l'égard de nos données afin de les analyser le plus objectivement possible.

---

5. Le processus de vérification dont il est question ici n'est pas apparenté à la démarche exigeante de falsification des hypothèses telle qu'elle a été développée par Karl Popper. Rares sont d'ailleurs les travaux en sciences sociales qui ont pu parvenir à un degré satisfaisant de falsification d'hypothèses. Tester une hypothèse, au sens où nous l'entendons ici, c'est pouvoir la confirmer ou l'infirmer. *Infirmer une hypothèse*, c'est ne pas être en mesure de constater, après analyse des données, la relation postulée en hypothèse. *Confirmer une hypothèse*, c'est au contraire retrouver dans la réalité le lien postulé en hypothèse.

1. L'hypothèse est une réponse anticipée à la question spécifique de recherche. C'est un énoncé déclaratif qui précise une relation anticipée entre des phénomènes observés ou imaginés.

2. L'hypothèse est le résultat de la formulation du problème et le point de départ de la vérification. Elle constitue ainsi un pont entre ces deux grandes parties de la recherche et forme la pierre angulaire de tout travail de recherche.

3. Les cinq principales qualités de l'hypothèse sont : 1) la plausibilité, 2) la vérifiabilité, 3) la précision, 4) la généralité et 5) la communicabilité.

4. Une hypothèse ne se vérifie qu'en tentant de l'infirmer.

Comment formuler une hypothèse

1. S'assurer d'avoir posé une question spécifique pertinente reliée à l'objet d'étude (compte tenu de la formulation du problème) et avoir bien compris le sens de cette question.

2. Se rappeler que l'hypothèse est la réponse anticipée à la question spécifique de recherche et qu'elle doit donc en découler logiquement.

3. Formuler une proposition en s'assurant que le verbe utilisé traduise bien le sens de la proposition (une hypothèse n'est pas une question).

4. Déterminer les concepts opératoires ou termes clés de l'hypothèse qui seront transformés en variables.

LECTURES RECOMMANDÉES

AKTOUF, Omar, *Méthodologie des sciences sociales et approche qualitative des organisations*, Sillery, Presses de l'Université du Québec/Presses H.E.C., 1990, p. 57-70.

JOHNSON, Janet B. et Richard A. JOSLIN, *Political Science Research Methods*, Washington, CQ Press, 1986, p. 43-55.

LOUBET DEL BAYLE, Jean-Louis, *Introduction aux méthodes des sciences sociales*, 2ᵉ édition, Toulouse, Privat, 1986, chapitre 3.

QUIVY, Raymond et Luc VAN CAMPENHOUDT, *Manuel de recherche en sciences sociales*, 2ᵉ édition revue et augmentée, Paris, Dunod, 1995, p. 134-151.

ILLUSTRATION
de la formulation du problème

Titre (rappel)

L'utilisation des sondages d'opinion par les décideurs politiques

Rappel du problème

Notre problème spécifique de recherche concerne la relation d'accord (ou de désaccord) entre les décisions gouvernementales et les résultats de sondages d'opinion. Nous cherchons, entre autres, à mieux comprendre les facteurs d'explication de cette relation.

Concepts opératoires

Notre question spécifique de recherche s'organise, entre autres, autour des concepts théoriques suivants : l'opinion publique, les décisions du gouvernement et la relation d'accord ou de désaccord entre l'opinion et les décisions du gouvernement.

Pour mieux définir ces concepts théoriques, nous allons leur donner un contenu opératoire, c'est-à-dire qu'à chacun de ces concepts
théoriques, nous allons faire correspondre un ou plusieurs concepts
opératoires.

Définition opératoire du concept d'opinion publique. Pour donner un
   contenu opératoire au concept d'opinion publique, nous allons
   raisonner en terme de direction majoritaire de l'opinion. La direction majoritaire de l'opinion est définie comme la réponse majoritaire à une question de sondage portant sur une politique donnée.
   Par exemple, le Canada doit-il participer à la guerre du Golfe ? La
   réponse majoritaire de l'opinion peut être soit favorable à un
   changement de politique (soutien à l'intervention) soit favorable
   au *statu quo* (opposition à une intervention). Supposons dans
   notre exemple que la majorité de l'opinion s'oppose à l'intervention. Nous dirons alors que la direction de l'opinion va dans le
   sens du *statu quo*.

Définition opératoire du concept de politique gouvernementale. Nous défi-
   nirons la politique gouvernementale en terme de décision finale.
   La direction de la décision est définie de la même façon que la direction majoritaire de l'opinion. La décision finale de politique
   peut donc aller soit dans le sens du changement (décision d'intervenir dans la guerre du Golfe) soit dans le sens du *statu quo* (décision de ne pas intervenir).

Définition opératoire de la relation entre l'opinion et la politique. L'opinion
   et la politique gouvernementale sont en accord si elles vont toutes les deux dans le même sens. Par contre, il y a désaccord si la
   politique contredit l'opinion, c'est-à-dire si par exemple le gouvernement décide d'intervenir alors que la majorité de l'opinion s'oppose à l'intervention.

Implications testables de l'approche théorique retenue

L'approche théorique pluraliste qui inspire notre recherche postule
que les décideurs politiques ont tendance à se plier aux résultats de
sondages. Nous constatons que ce postulat comporte plusieurs implications testables. Une première implication est que la relation
observée entre l'opinion publique et les politiques publiques devrait
être plus souvent une relation d'accord qu'une relation de désaccord. Ceci découle logiquement du postulat selon lequel les dirigeants politiques tiennent compte des résultats de sondages plus
souvent qu'ils ne les ignorent.

Deux autres implications concernent les facteurs d'explication de la relation entre l'opinion publique et les politiques publiques. Puisque, selon la théorie pluraliste, les décideurs politiques tiennent compte de l'opinion publique, il est logique de penser qu'ils en tiendront d'autant plus compte si les résultats de sondages reflètent une opinion publique ferme.

L'opinion publique est un phénomène bien trop diffus pour pouvoir influencer directement le comportement des décideurs politiques. La théorie pluraliste postule donc que l'influence de l'opinion publique s'exerce indirectement par le truchement des institutions. En simplifiant à l'extrême, on pourrait dire que le soutien de l'opinion est une condition nécessaire mais pas suffisante à l'adoption d'une politique par un gouvernement. Il faut, en plus, que la politique soit activement soutenue par des acteurs institutionnels importants qui jouent en quelque sorte le rôle de courroie de transmission.

Hypothèses

En réponse à notre question spécifique de recherche, nous formulons donc les hypothèses suivantes :

◇ Il y a plus souvent accord que désaccord entre les décisions gouvernementales sur les questions politiques et les résultats de sondages sur ces mêmes questions.

◇ L'accord entre les décisions gouvernementales et les résultats de sondages est d'autant plus probable que les résultats de sondages reflètent une opinion ferme.

◇ L'accord entre les décisions gouvernementales et les résultats de sondages est d'autant plus probable que les acteurs institutionnels importants prennent le relais de l'opinion publique.

Pour vérifier nos hypothèses, il nous faut traduire nos concepts opératoires encore trop larges en référents empiriques et décortiquer de façon précise la nature des relations postulées entre eux. C'est pourquoi nous devons nous doter d'un cadre opératoire.

QUATRIÈME ÉTAPE

CONSTRUIRE UN CADRE OPÉRATOIRE

L ES auteurs d'ouvrages spécialisés en méthodologie ne sont pas parvenus à s'entendre sur un terme commun pour caractériser l'étape de construction du cadre opératoire; ils utilisent instinctivement les vocables « devis de recherche », « plan de recherche », « modèle opératoire », « modèle expérimental » et même « paradigme ». Cette confusion terminologique n'aide pas à comprendre la nature de l'exercice au cours de cette étape de la recherche.

Si nous avons choisi d'utiliser le vocable *cadre opératoire* pour qualifier cette étape du projet de recherche, c'est que l'expression s'associe logiquement à celle de cadre conceptuel que les auteurs emploient habituellement lorsqu'ils font référence au travail d'élaboration théorique inhérent à la formulation du problème.

> Le cadre conceptuel représente l'arrangement des concepts et des sous-concepts construits au moment de la formulation du problème pour asseoir théoriquement l'analyse ultérieure de l'objet d'étude. Ainsi, on élabore le cadre conceptuel pendant la première partie du processus de recherche, c'est-à-dire sa phase de « conceptualisation » ou « construction théorique ».
>
> Le cadre opératoire s'élabore, quant à lui, dans la deuxième phase du processus de recherche, c'est-à-dire la phase de « vérification » empirique. Cette phase consiste essentiellement à représenter l'arrangement des variables et des indicateurs que l'on doit construire pour isoler des

équivalents empiriques aux concepts opératoires de l'hypothèse. Le chercheur traduit ainsi, dans le langage de l'observation, les concepts théoriques du cadre conceptuel élaboré au moment de la formulation du problème.

Cadre conceptuel et cadre opératoire constituent donc deux vocables liés logiquement par une même finalité de structuration de la recherche. Ce sont des outils d'intégration qui ne se distinguent que parce que le cadre conceptuel appartient à l'élaboration théorique, alors que le cadre opératoire sert à l'opérationnalisation.

Pourquoi construire un cadre opératoire ?

La fonction principale de l'hypothèse étant d'établir un pont entre la réflexion théorique de la formulation du problème et le travail empirique d'expérimentation ou de vérification, l'hypothèse constitue donc une amorce de l'opérationnalisation puisqu'elle concrétise la relation abstraite énoncée à la fin de la formulation du problème, c'est-à-dire qu'elle transforme les concepts théoriques de la question spécifique en des concepts opératoires.

Ainsi, pour reprendre l'exemple de l'étape précédente, l'hypothèse nous a permis de substituer aux concepts théoriques de dépendance et de conformité les concepts opératoires de dépendance économique et d'appui à la politique étrangère.

Ces concepts opératoires, qui sont en réalité des dimensions ou des attributs des concepts plus larges et plus abstraits de dépendance et de conformité, concrétisent la relation analytique que nous désirons étudier en nous permettant de repérer ou de circonscrire plus facilement les faits observables qu'il nous faudra analyser pour vérifier cette relation analytique.

L'hypothèse nous permet donc de réduire l'abstraction, mais ne nous autorise toutefois pas à amorcer immédiatement l'analyse. En effet, les concepts opératoires de l'hypothèse demeurent des référents empiriques trop larges pour que l'on puisse mener à bien l'observation, puisqu'ils ne nous permettent pas encore d'isoler concrètement les faits observables qu'il faudra traiter pour effectuer l'analyse. Ainsi, la dépendance économique, premier concept opératoire dans notre exemple d'hypothèse, est un phénomène observable qui comporte lui-même plusieurs dimensions. En effet, la dépendance économique peut être étudiée au moyen de la dépendance financière, de la dépendance commerciale, de la dépendance sur le plan de l'assistance, etc. Il en va de même pour le concept opératoire d'appui à la politique étrangère qui peut se manifester par des formes très variées dans les domaines militaire, économique, politique ou diplomatique. On ne peut analyser toutes ces dimensions et sous-dimensions parce qu'elles ne sont pas toujours toutes pertinentes pour vérifier la relation analytique postulée.

> C'est alors qu'intervient le cadre opératoire qui constitue l'étape intermédiaire et essentielle entre l'hypothèse et le travail empirique d'analyse. Le cadre opératoire forme un élément central du projet de recherche et du travail de recherche dans la mesure où il spécifie ce que nous allons analyser précisément pour vérifier notre hypothèse. Car une vérification d'hypothèse ou une démonstration scientifique, quelle qu'elle soit, doit être réalisée le plus précisément et le plus logiquement possible. Le cadre opératoire assure cette logique et cette précision de la démonstration en fournissant les référents empiriques les plus concrets et les plus fidèles possible, au moyen de la construction des variables et des indicateurs, pour orienter l'ensemble de la vérification de l'hypothèse.

Du concept à la variable

On aura déjà probablement compris que toute la logique sous-tendant le passage de la question spécifique de recherche à l'hypothèse et au cadre opératoire prend la forme d'un exercice de précision qui va du général au particulier ou du plus large (abstrait) au plus étroit (concret), un peu à la manière de l'entonnoir. Les concepts opératoires de l'hypothèse précisent et rendent plus concrets les concepts théoriques contenus dans la question spécifique de recherche, tandis que les variables et les indicateurs du cadre opératoire jouent un rôle semblable à l'égard des concepts opératoires de l'hypothèse. Ainsi, le cadre opératoire contribue doublement à la précision et au développement logique de l'ensemble de la démonstration puisqu'il ajoute deux niveaux de spécification en construisant deux types de référents empiriques que sont la variable et l'indicateur.

Le cadre opératoire fournit donc un premier niveau de précision par rapport à l'hypothèse en construisant des variables.

> Une variable est un regroupement logique d'attributs ou de caractéristiques qui décrivent un phénomène observable empiriquement.

Ainsi, la variable Sexe regroupe deux, et seulement deux, attributs (masculin et feminin); la variable nationalité a un nombre fini d'attributs fixés arbitrairement en fonction des besoins du chercheur (par exemple, les Italiens, les Anglais et les Finlandais) tandis que la variable taille des individus regroupe un nombre potentiellement infini d'attributs (ici, des valeurs numériques) puisqu'on peut toujours préciser ces valeurs en poussant à la prochaine décimale.

Certains concepts peuvent être suffisamment précis pour devenir automatiquement des variables (par exemple, le sexe), tandis que d'autres doivent subir une transformation avant de servir de guide pour l'analyse. Par exemple, le concept théorique de démocratie se définit en termes de plusieurs concepts opératoires, tels que la compétition entre partis politiques, le leadership du gouvernement, la politisation des débats, la participation de la population, etc. Chacun de ces concepts opératoires peut et doit lui-même être précisé en termes de variables. Ainsi, le concept opératoire de compétition entre les partis couvre plusieurs variables possibles, par exemple, le nombre de partis politiques en compétition ou la distance idéologique entre les partis (plus le nombre des partis est élevé et plus la distance idéologique entre partis est élevée, plus la compétition est supposée intense). Ces variables doivent enfin être mesurées à l'aide d'indicateurs. Ainsi, un indicateur possible de la variable « distance idéologique entre les partis » consiste à attribuer un score à chaque parti politique sur une échelle droite-gauche en se basant sur les opinions d'un échantillon d'experts. Un autre indicateur de la même variable consiste à attribuer des scores idéologiques à chaque parti en se basant sur des analyses de contenu de leurs programmes électoraux.

> La variable est donc un instrument de précision ou de spécification qui permet de traduire des énoncés contenant des concepts opératoires en des énoncés possédant des ré-

férents empiriques plus précis, de façon à permettre de vérifier empiriquement des énoncés abstraits. Autrement dit, elle permet de reproduire d'une manière plus concrète la relation établie en hypothèse et joue un rôle central dans le processus de recherche, dans la mesure où elle aide à déterminer ce qu'il faudra observer précisément pour vérifier l'hypothèse en même temps qu'elle permet déjà de commencer à organiser l'information selon la relation logique établie en hypothèse.

1 Distinction entre variable et unité d'analyse

Comme nous l'avons vu plus haut, la variable est un regroupement d'attributs ou de caractéristiques qui décrivent un objet ou une personne. L'*unité d'analyse,* qu'on appelle aussi unité d'observation, est l'objet ou la personne dont le chercheur étudie les caractéristiques.

Les chercheurs en sciences sociales utilisent le plus souvent la collectivité comme unité d'analyse (un groupe ethnique ou religieux, une organisation, ou même l'État-nation), mais il n'en demeure pas moins que l'unité d'observation comprend les individus qui composent la collectivité en question. Les chercheurs utilisent la collectivité comme unité d'analyse simplement par souci de généralisation scientifique. Pour clairement séparer l'unité d'analyse et les variables dans une hypothèse, il suffit souvent de distinguer les acteurs agissant des attributs qui caractérisent ces acteurs. Ainsi, dans l'hypothèse affirmant que l'espérance de vie des Québécois varie en fonction de leur appartenance ethnique, l'unité d'analyse comprend les Québécois en tant qu'individus ; l'espérance de vie et l'appartenance ethnique sont les variables.

Parfois l'unité d'analyse est un objet fabriqué ou un artefact (les programmes électoraux des partis, par exemple) ou un phénomène d'interaction humaine qui a une signification sociale (les décisions de la Cour suprême, par exemple). Cela peut prêter à confusion, surtout si l'hypothèse fait aussi mention d'individus. Posons, par exemple, l'hypothèse que les films hollywoodiens ont tendance à présenter des acteurs plus musclés que les films européens. Ici l'unité d'analyse est composée « des films ». Les acteurs sont une variable de l'hypothèse et les attributs de cette variable sont les niveaux de musculature.

2 Relation logique entre les variables

Il faut bien comprendre le rôle central joué par la variable dans le processus de recherche et savoir que cette variable peut prendre des connotations différentes selon la place qu'elle occupe dans l'arrangement logique de la relation supposée. Selon le cas, il peut en effet y avoir plusieurs sortes de variables, dont les plus communes sont les variables dépendantes et les variables indépendantes. Il convient aussi d'étudier le rôle des variables intermédiaires (ou intervenantes) et des variables antécédentes.

> Une variable dépendante est une variable dont la valeur varie en fonction de celle des autres. C'est la partie de l'équation qui varie de façon concomitante avec un changement ou une variation dans la variable indépendante. C'est l'effet présumé dans une relation de cause à effet et, en recherche expérimentale, c'est la variable qu'on ne manipule pas mais qu'on observe pour évaluer les répercussions sur elle des changements intervenus chez les autres variables.

Dans l'exemple d'hypothèse liant la dépendance économique à l'appui diplomatique, la relation postulée peut être schématisée de la façon suivante :

Dépendance économique ⟶ *Appui à la politique étrangère de l'État dominant*

Ainsi, nous supposons et voulons vérifier l'hypothèse selon laquelle un État A économiquement dépendant d'un autre État B aura tendance à appuyer, dans son comportement extérieur, la politique étrangère de l'État B. Cet appui à la politique étrangère de l'État B forme donc la partie de l'équation qui est l'effet présumé à l'intérieur de la relation postulée. Mais ce concept opératoire Appui à la politique étrangère de l'État B n'est pas suffisamment concret pour orienter la recherche, puisque l'appui en question peut prendre des formes très diverses. Il faut donc choisir une ou quelques dimensions de cet appui qui deviendront la ou les variables dépendantes capables d'orienter empiriquement la recherche. Une des façons dont cet appui peut se manifester et être observé, parce que les données sont disponibles, est la participation aux organisations internationales et, en particulier, à l'Organisation des Nations Unies (ONU). Par conséquent, nous pouvons commencer à transformer notre hypothèse et à construire notre cadre opératoire de la façon suivante :

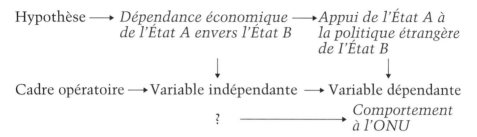

La variable dépendante Comportement à l'ONU, qui est une dimension ou un attribut du concept Appui à la politique étrangère, précise et concrétise ce concept opératoire de l'hypothèse.

> Une variable indépendante est une variable dont le changement de valeur influe sur celui de la variable dépendante.

Lorsque nous postulons une relation de cause à effet (ce qui est peu courant en sciences sociales), la variable indépendante est alors la cause de l'effet présumé. En recherche expérimentale, il s'agit de la ou des variables que les chercheurs manipulent pour en étudier l'influence sur la variable dépendante.

Dans notre exemple, la variable indépendante fait référence à cette partie de l'équation portant sur la dépendance économique. De la même façon que pour l'Appui à la politique étrangère, le concept opératoire demeure trop large pour orienter la recherche empirique parce qu'il comporte plusieurs dimensions qui ne peuvent être étudiées toutes en même temps. Il convient donc de faire un choix parmi les dimensions du phénomène de dépendance économique. Supposons que nous voulons étudier la dépendance commerciale et la dépendance financière, nous pouvons alors compléter le schéma précédent de la façon suivante :

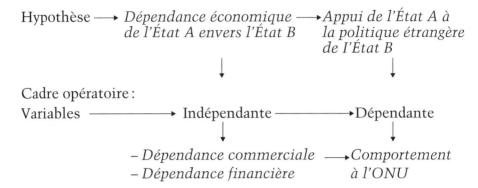

Nous venons ainsi d'isoler deux variables indépendantes pour analyser de manière plus précise le phénomène de dépendance économique de façon à vérifier la relation postulée dans notre hypothèse entre les concepts opératoires Dépendance économique et Appui à la politique étrangère.

> Une variable intermédiaire est une variable qu'il faut parfois introduire dans le cadre opératoire parce qu'elle conditionne la relation entre la variable indépendante et la variable dépendante. C'est un élément alors obligatoire de l'équation qui permet de qualifier ou de préciser la relation reproduite dans le cadre opératoire.

Reprenons, par exemple, notre hypothèse liant la dépendance commerciale et le comportement d'appui diplomatique à l'ONU. Il est bien évident que la dépendance économique n'influence pas directement le comportement d'appui diplomatique. La dépendance commerciale d'un pays n'est pas une entité tangible capable d'exercer une pression concrète sur le comportement du gouvernement (ou des représentants diplomatiques) de ce pays. Notre hypothèse est donc incomplète tant que nous n'aurons pas incorporé au moins un élément qui permettra de traduire concrètement, et de façon vraisemblable, l'influence exercée par la dépendance commerciale sur le comportement d'appui diplomatique. Il est possible que le gouvernement d'un pays commercialement dépendant soit incité, par anticipation rationnelle, à appuyer diplomatiquement la politique étrangère du pays dominant. Un scénario beaucoup plus vraisemblable consiste à considérer le rôle des groupes de pression organisés représentant les industries les plus susceptibles de souffrir d'une interruption des liens commerciaux avec le pays dominant. Le *lobbying* de ces groupes de pression constitue le chaînon manquant dans une nouvelle hypothèse :

Variable indépendante	Variable intermédiaire	Variable dépendante
Dépendance commerciale ⟶	*Efforts de lobbying des groupes organisés* ⟶	*Appui diplomatique*

Notre nouvelle hypothèse n'affirme pas que la dépendance commerciale, à elle seule, provoque le comportement d'appui diplomatique, mais plutôt que les groupes de pression organisés représentant les industries commercialement dépendantes (les plus susceptibles de souffrir d'une interruption des liens commerciaux avec le pays dominant) exercent des pressions 1) pour forcer leur gouvernement à adopter un comportement d'appui diplomatique à l'ONU et 2) pour maintenir et même augmenter la dépendance commerciale (dont ces industries bénéficient). Par hypothèse, c'est parce que les groupes organisés exercent ces pressions qu'on observe une relation entre dépendance commerciale et comportement d'appui diplomatique à l'ONU. La variable intermédiaire établit par conséquent une relation causale entre la variable indépendante et la variable dépendante.

> Une variable intermédiaire peut parfois jouer le rôle de variable antécédente. Une variable antécédente est une variable qui agit avant la variable indépendante dans une chaîne causale. Une variable antécédente peut rendre la relation espérée entre la variable indépendante et la variable dépendante caduque, donc fallacieuse.

Ainsi, des résultats de recherche publiés il y a quelques années avaient établi un lien étroit entre la consommation de café et l'incidence de maladies cardiovasculaires. L'équation postulée était alors la suivante :

Variable indépendante	Variable dépendante
Consommation de café ⟶	*Maladies cardiovasculaires*

Une autre équipe de recherche a repris les mêmes données et a introduit une variable intermédiaire, en l'occurrence la consommation de tabac, pour modifier l'équation de la façon suivante :

Variable indépendante — Variable intermédiaire — Variable dépendante

Consommation de café ⟶ Consommation de tabac ⟶ Maladies cardiovasculaires

Les chercheurs de la deuxième équipe ont tout simplement réparti les sujets testés selon leur niveau de consommation de tabac et sont arrivés à la conclusion que c'est la consommation de tabac qui déterminait principalement l'incidence de maladies cardiovasculaires. Autrement dit, l'association observée par la première équipe de chercheurs entre l'incidence des maladies cardiovasculaires et la consommation de café n'était que l'effet apparent d'une relation causale liant les maladies cardiovasculaires **et** la consommation de tabac. Le lien causal entre consommation de café et incidence des maladies cardiovasculaires disparaissait une fois qu'on introduisait la variable consommation de tabac dans l'équation.

Cet exemple montre bien que l'introduction d'une variable intermédiaire (consommation de tabac) non seulement précise une relation entre variable dépendante (maladies cardiovasculaires) et variable indépendante (consommation de café), mais qu'elle peut également rendre cette relation caduque (ou fallacieuse).

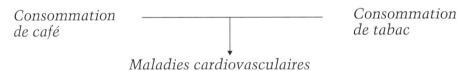

Consommation de café ————————————— Consommation de tabac

Maladies cardiovasculaires

On regroupe habituellement les variables intermédiaires et les variables antécédentes sous le vocable commun de *variables-contrôles*. Comme son nom l'indique, une variable contrôle est une variable dont l'effet doit être contrôlé (en le gardant constant) dans l'examen d'une relation entre variable indépendante et variable dépendante. La recherche de variables-contrôles est un exercice incontournable lorsque l'hypothèse postule, implicitement ou explicitement, une relation de cause à effet. Dans une relation de cause à effet, la variable indépendante est la cause de l'effet présumé (la variable dépendante). Il est rare qu'on puisse établir avec certitude la présence d'une relation de cause à effet en sciences sociales. Par contre on peut et on doit, dans la mesure du possible, s'assurer que notre cadre opératoire satisfait quatre conditions nécessaires (mais non suffisantes) à la présence d'une relation causale.

En premier lieu, il convient de vérifier que l'approche théorique sur la base de laquelle on construit le cadre opératoire permet de postuler une relation causale. Cet exercice de vérification passe le plus souvent par l'identification d'une ou plusieurs variables intermédiaires. Il faut ensuite s'assurer que le lien d'association empirique entre les variables à l'étude peut effectivement prendre la forme d'une co-variation. Ça n'est pas une condition suffisante car l'association ne signifie pas forcément qu'il y a causalité ; c'est toutefois une condition nécessaire puisque l'absence de lien d'association ruine tout espoir de lien de cause à effet. Une troisième condition est que la cause (la variable indépendante) précède logiquement ou chronologiquement l'effet escompté (la variable dépendante). La quatrième condition est qu'on puisse éliminer les effets tiers potentiellement nuisibles de façon à établir l'absence de relation fallacieuse entre variable indépendante et variable dépendante. Pour s'en assurer, il convient d'introduire, le cas échéant, une ou plusieurs variables antécédentes dans l'équation. Ces conditions, il faut le répéter, ne garantissent pas la causalité, mais elles fournissent des indices sérieux sur lesquels on peut se baser pour parler d'une relation causale sans paraître ridicule.

La formation des variables constitue donc la première étape de la construction du cadre opératoire. En déterminant un premier niveau de précision des concepts opératoires contenus dans l'hypothèse, les variables permettent de franchir une première étape dans l'opérationnalisation de ces concepts et sont un premier pas vers la recherche empirique.

De la variable à l'indicateur[1]

Mais cette première étape ne suffit pas, car les variables constituent des référents empiriques trop larges pour orienter concrètement la vérification empirique de l'hypothèse. Il faut introduire un deuxième niveau de précision dans l'opérationnalisation des concepts. Cette seconde étape suppose la construction ou la formation d'indicateurs qui préciseront les variables prédéterminées.

---

1. Cette partie s'inspire du chapitre de Claire Durant et André Blais dans l'ouvrage collectif sous la direction de Benoît Gauthier mentionné dans les références en fin de chapitre.

> Un indicateur est un instrument permettant d'articuler en langage concret le langage abstrait utilisé à l'étape de la formulation du problème et, jusqu'à un certain point, à l'étape de l'énonciation de l'hypothèse. Il précise les variables et permet de classer un objet dans une catégorie par rapport à une caractéristique donnée. L'indicateur constitue donc un référent empirique plus précis que la variable qui est elle-même un référent empirique du concept. Il est d'autant plus utile que le concept est bien défini, c'est-à-dire que nous avons déterminé le plus clairement possible ce qu'il inclut et ce qu'il exclut. Les variables seront alors mieux définies et la construction des indicateurs en sera simplifiée.

Même si les concepts et les variables ont été bien précisés, d'autres embûches peuvent se présenter. Dans une recherche donnée, un indicateur ne peut faire référence qu'à une seule variable, mais une variable peut contenir plusieurs indicateurs. C'est pourquoi la construction des indicateurs constitue une étape cruciale du projet de recherche que l'on ne saurait réaliser n'importe comment et qu'il faut aborder avec minutie.

Dès lors, trois règles s'imposent.

Première règle

Il faut recenser l'ensemble des indicateurs possibles en se basant sur la littérature spécialisée ou sur la connaissance que nous avons de notre objet d'étude. Il faut ensuite évaluer chacun des indicateurs recensés, afin d'éliminer les moins appropriés.

Deuxième règle

La transformation d'une variable en indicateur doit obligatoirement comporter l'attribution d'un niveau de mesure de l'indicateur. On distingue trois principaux types de variables selon que le niveau de mesure de leur indicateur est nominal, ordinal ou numérique.

La mesure *nominale* consiste simplement en la juxtaposition des attributs sans distinction de rang, d'ordre, de proportion ou d'intervalle. Ainsi, les attributs de la variable nationalité (Français, Anglais ou Italien) sont distincts et indépendants les uns des autres.

◇ La mesure *ordinale* est la hiérarchisation des attributs selon un quelconque ordre de grandeur. Ainsi, l'intensité de la pratique religieuse peut être forte, moyenne ou faible.

◇ La mesure *numérique,* de loin la plus précise, détermine les attributs sur la base de valeurs standardisées. On parle de variable d'intervalle quand la distance entre les attributs numériques peut s'exprimer sous forme d'intervalles standardisés. La température, mesurée en degrés Celsius, est une variable numérique d'intervalle. Quand, en plus, les attributs ont la propriété d'avoir un zéro absolu, on a alors affaire à une variable de ratio. L'âge et le revenu disponible (en dollars) sont des variables de ratio.

Troisième règle

Les indicateurs doivent respecter les critères de précision, de fidélité et de validité. Un indicateur doit être suffisamment *précis* pour permettre la réplication exacte par d'autres chercheurs. Ainsi, un indicateur de la variable nationalité devra spécifier comment les sujets à nationalités multiples seront classés. Autre exemple, si l'on choisit de mesurer l'intensité de la pratique religieuse à l'aide de trois attributs (faible, moyen, fort) de fréquentation annuelle d'un lieu de culte, il faudra clairement distinguer les valeurs critiques séparant chacun de ces attributs en faisant attention à ce qu'ils demeurent mutuellement exclusifs et qu'ils ne se chevauchent donc pas. Dans le projet de recherche, ces précisions peuvent être fournies à l'étape de la collecte de l'information et de l'analyse des données.

Le *critère de fidélité* exige que l'indicateur fournisse des résultats stables dans le temps et constants dans l'espace, c'est-à-dire que, pour chaque application identique d'une mesure à un même objet, on doit aboutir au même résultat.

Le *critère de validité* fait référence à la capacité d'un indicateur à représenter adéquatement le concept qu'il est censé préciser et mesurer. La validité est parfois difficile à établir, surtout si elle repose sur un jugement de valeur.

> Ceci ne doit pas empêcher le chercheur de justifier la validité des indicateurs retenus, par exemple en cherchant des points d'appui dans la littérature existante et en particulier dans les travaux antérieurs sur le même sujet.

Les indicateurs sont donc des instruments de précision qui complètent les référents empiriques plus larges et, par conséquent, plus difficiles à observer que les variables. Ainsi, pour revenir à notre exemple, le concept opératoire Appui à la politique étrangère a pu être précisé, dans un premier temps, par la variable dépendante Comportement à l'ONU. Mais ce premier niveau de précision demeure insuffisant pour orienter la recherche empirique, car il peut prendre des formes variées allant de la participation financière au vote sur les résolutions adoptées par les divers pays de l'ONU.

Il faut donc ajouter un deuxième niveau de précision au concept opératoire en retenant une ou quelques catégories de comportements possibles à l'ONU. Ce choix est déterminé de façon générale par la connaissance que nous avons de l'objet d'étude et en nous appuyant sur la littérature spécialisée. Supposons alors que l'information dont nous disposons nous amène à retenir le vote à l'Assemblée générale comme mesure la plus efficace pour étudier, à travers le comportement à l'ONU, l'appui de l'État A (Salvador) à la politique étrangère de l'État B (États-Unis). L'indicateur de la variable dépendante devient ainsi le pourcentage de votes de l'État A semblable ou dissemblable à celui de l'État B à l'Assemblée générale de l'ONU. Ainsi,

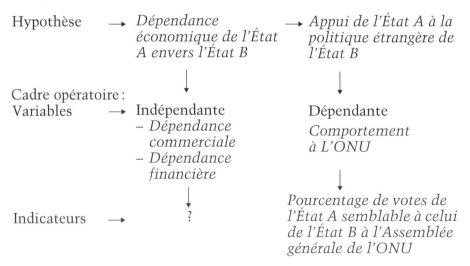

Ceci implique que l'analyse du vote à l'Assemblée générale devient l'instrument de mesure de la variable Comportement à l'ONU, elle-même une dimension du concept opératoire Appui à la politique étrangère. Cela signifie également que, si nous utilisons ce seul indicateur, les conclusions auxquelles nous parviendrons alors à propos de la participation à l'ONU ne vaudront que pour le vote à l'Assemblée générale. Si nous voulons dire plus sur le comportement à l'ONU, il faudra alors ajouter d'autres indicateurs.

Reste à compléter le cadre opératoire en construisant des indicateurs pour les variables indépendantes. L'opération est exactement la même : il nous faut dès lors repérer des manifestations qui deviendront en même temps des instruments de mesure de la dépendance commerciale et de la dépendance financière. Là aussi, il faut effectuer un choix. Nous retiendrons alors le pourcentage d'exportations vers l'État B comme mesure de la dépendance commerciale et le pourcentage de la dette extérieure de l'État A contractée auprès de l'État B comme mesure de dépendance financière. Nous pouvons alors schématiser l'ensemble de notre cadre opératoire.

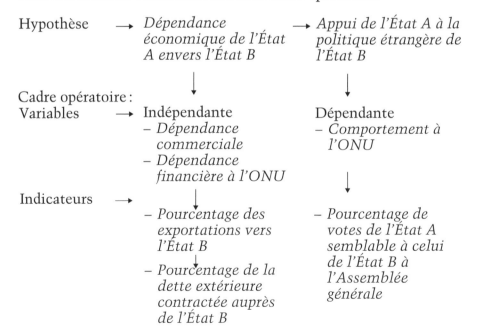

Cette représentation schématique nous permet de remarquer que chaque étape du cadre opératoire (variable et indicateur) reproduit, en la précisant davantage, la relation posée en hypothèse. Il faut cependant toujours garder à l'esprit que le cadre opératoire ne vaut que pour l'hypothèse postulée. Tout changement d'hypothèse exige une modification conséquente du cadre opératoire ; c'est pourquoi il est fréquent de retrouver dans la littérature une variable dépendante qui deviendra variable indépendante dans d'autres travaux. De façon similaire, une même hypothèse pourra générer des cadres opératoires différents selon les choix des chercheurs.

Qu'est-ce qui sous-tend le choix des variables et des indicateurs et quelle sera la dynamique du cadre opératoire ?

Cette étape du projet de recherche nous permet de préciser et de concrétiser la relation posée en hypothèse que nous serons dorénavant en mesure de vérifier empiriquement parce que nous aurons défini précisément les variables et les indicateurs qui nous désignerons les faits à recueillir et les attributs à mesurer. Mais le travail de construction du cadre opératoire ne se limite pas à l'identification des variables et des indicateurs.

La partie du projet de recherche traitant du cadre opératoire doit également fournir deux contributions additionnelles. En premier lieu, il nous faut *justifier le choix* des variables et des indicateurs retenus. Ce choix doit découler de notre connaissance de la littérature autant que de notre objet d'étude. De façon générale, cette justification intervient en même temps que le choix des variables et des indicateurs. Dans un projet de recherche, elle se situe avant la représentation schématique du cadre opératoire. En second lieu, la partie traitant du cadre opératoire doit également en *préciser la dynamique anticipée*, à moins que l'hypothèse ait été à ce point spécifique qu'elle rende ce développement inutile. Mais cela est plutôt rare et c'est pourquoi il faut toujours indiquer comment ou en quel sens doit varier la valeur des indicateurs pour que l'on puisse affirmer, à la fin de l'analyse, que l'hypothèse est confirmée ou infirmée.

Poursuivant notre exemple des pages précédentes, il nous faudrait au moins ajouter à cet égard la précision additionnelle que l'hypothèse sera confirmée si nous obtenons un pourcentage à la fois élevé d'exportations vers l'État B et de similarité dans le vote des deux pays à l'Assemblée générale de l'ONU. Cette confirmation ne pourrait être que temporaire et ne deviendrait définitive que lorsque toutes les variables et tous les indicateurs pertinents par rapport à nos concepts de Dépendance économique et d'Appui à la politique étrangère auront été analysés sans que nous puissions parvenir à des conclusions contraires. C'est d'ailleurs pourquoi les chercheurs préfèrent parler davantage de corrélation ou de covariance plutôt que de relation causale, dans la mesure où il n'est pas toujours facile ni même possible d'effectuer cette vérification de toutes les variables et de tous les indicateurs pertinents. Nous pourrions, par ailleurs, préciser davantage et affirmer que l'hypothèse ne sera confirmée que si nous obtenons des ordres de grandeur identiques dans les pourcentages de chacun de nos indicateurs. Enfin, nous devons également mettre le lecteur en garde contre les conditions susceptibles d'infirmer notre hypothèse. Par exemple, la combinaison des taux élevés d'exportations et de la dette extérieure envers l'État A et un faible taux de similarité dans le vote à l'Assemblée générale de l'ONU sont des résultats qui infirmeraient notre hypothèse.

L'étape du cadre opératoire doit donc préciser comment doit évoluer la valeur de chacun des indicateurs pour que l'hypothèse soit confirmée ou infirmée. Ces précisions doivent généralement figurer après la représentation schématique du cadre opératoire et servent à conclure cette étape du projet de recherche.

RÉSUMÉ

1. Le cadre opératoire est l'arrangement des variables et des indicateurs qu'il faut construire pour isoler des équivalents empiriques aux concepts opératoires de l'hypothèse, de façon à traduire ces concepts en langage concret pour permettre le travail de vérification empirique.

2. Le cadre opératoire amorce véritablement l'opérationnalisation et constitue, en ce sens, la partie centrale du projet de recherche puisqu'il forme le lien nécessaire entre l'hypothèse et le travail empirique d'analyse. Son rôle consiste à spécifier ce qu'il faudra analyser précisément pour vérifier l'hypothèse.

3. La variable représente un attribut ou une dimension du phénomène à étudier. C'est un référent empirique qui ajoute un premier niveau de précision au concept opératoire de l'hypothèse et
ouvre ainsi la voie au travail empirique. Les trois types de variables les plus communément utilisés sont la variable dépendante, la variable indépendante et la variable intermédiaire.

4. L'indicateur est un instrument de précision et de mesure des
variables ; il ajoute un deuxième niveau de précision au concept
opératoire de l'hypothèse et aide à la formation de l'information
puisqu'il permet de classer un objet dans une catégorie par rapport à une caractéristique donnée. Le choix et la construction
des indicateurs obéissent à des règles précises.

5. Le cadre opératoire sert à circonscrire et à justifier le choix des
variables et des indicateurs. Il doit aussi préciser la nature et
l'orientation du changement de valeur des indicateurs pour que
l'on puisse confirmer ou infirmer l'hypothèse.

Comment construire le cadre opératoire

1. S'assurer que les concepts opératoires de l'hypothèse ont été
bien définis et traduisent adéquatement la relation que l'on veut
postuler à propos de l'objet d'étude.

2. Connaître les analyses antérieures sur l'objet d'étude afin de faci-
liter le choix des variables et des indicateurs les plus pertinents.

3. Définir l'unité d'analyse et bien la distinguer des variables.

4. Déterminer la ou les variables dépendantes, indépendantes, et,
éventuellement, de contrôle, en s'assurant qu'elles précisent
adéquatement les concepts opératoires de l'hypothèse.

5. S'assurer, le cas échéant, que les conditions sont remplies pour
pouvoir parler d'une relation de cause à effet.

6. Désigner les indicateurs pertinents en ayant soin de préciser leur
niveau de mesure et de respecter les critères de précision, de fidélité et de validité.

7. Justifier les choix des variables et des indicateurs en s'appuyant
sur la littérature traitant de l'objet d'étude.

8. Indiquer, le cas échéant, les valeurs critiques des indicateurs.

9. Indiquer les changements de valeur que doivent subir les indicateurs et les variables pour que l'on puisse dire si l'hypothèse est
confirmée ou non.

LECTURES RECOMMANDÉES

CONTANDRIOPOULOS, André-Pierre *et al.*, *Savoir préparer une recherche. La définir, la structurer, la financer*, Montréal, Les Presses de l'Université de Montréal, 1990, p. 65-68 et 74-81.

DURAND, Claire et André BLAIS, « La mesure », dans Benoît Gauthier (sous la direction de), *Recherche sociale. De la problématique à la collecte des données*, 3ᵉ éd. revue et augmentée, Québec, Presses de l'Université du Québec, 1997, p. 51-81.

MANHEIM, Jarol B. et Richard C. RICH, *Empirical Political Analysis, Research Methods in Political Science*, New York, St. Martin's Press, 1981, p. 43-67.

MICHAUD, Nelson, *Praxis de la science politique. Une porte ouverte sur les méthodes, les champs et les approches de la discipline*, Québec, Les Presses de l'Université Laval, 1997, p. 64-79.

KERLINGER, F. N., *Foundations of Behavioral Research*, 2ᵉ éd., New York, Holt, Rinehart and Winston, 1973, chapitre 3, p. 28-46.

NACHMIAS, David et Chava NACHMIAS, *Research Methods in the Social Sciences*, New York, St. Martin's Press, 1976, chapitres I et II.

ILLUSTRATION
du cadre opératoire

Titre (rappel)

L'utilisation des sondages d'opinion par les décideurs politiques

Rappel des hypothèses

Nous avons formulé deux hypothèses principales d'explication des variations dans la relation d'accord entre l'opinion publique et les décisions gouvernementales. Selon la première hypothèse, les cas d'accord entre opinion et politiques sont d'autant plus probables que les résultats de sondages reflètent une opinion publique ferme. Selon la deuxième hypothèse, les cas d'accord entre opinion et politiques sont d'autant plus probables que l'opinion est relayée par des courroies de transmission institutionnelles et médiatiques.

Unité d'analyse

Nos unités d'analyse correspondent à chaque solution proposée pour régler un problème politique ayant fait l'objet d'un sondage en termes suffisamment précis pour qu'on puisse déterminer si la solution en question a été adoptée ou non par le gouvernement.

Passage des concepts opératoires aux variables

Nous allons maintenant donner des attributs et des niveaux de mesure précis à chacun de nos concepts opératoires pour en faire des variables.

Variable dépendante : la variable dépendante est l'accord (ou le désaccord) entre une décision gouvernementale et la direction de la majorité de l'opinion. C'est donc une variable nominale binaire (aussi appelée dichotomique).

Notons qu'il est aussi possible de mesurer la relation entre une décision gouvernementale et le changement dans l'opinion. Dans ce cas, nos unités d'analyse correspondraient à chaque solution politique ayant fait l'objet d'au moins deux sondages successifs en termes identiques. Mesurer les changements dans l'opinion plutôt que la direction majoritaire de l'opinion a l'avantage de nous permettre de mieux comprendre l'ordre temporel liant l'opinion publique et les politiques publiques (ce que nous ne pouvons pas faire avec une mesure de la direction majoritaire de l'opinion). Si, par exemple, un changement d'opinion précède une décision du gouvernement, nous avons alors un indice de preuve, sinon la certitude, que c'est l'opinion qui influence la décision. À l'inverse, si la décision précède le changement dans l'opinion, nous avons là une preuve que l'opinion est influencée par les élites gouvernantes. Malheureusement, cet avantage risque d'être surtout théorique car, dans la réalité, l'opinion change peu sur une même question, pas suffisamment en tout cas pour pouvoir dire, compte tenu de l'erreur d'échantillonnage, qu'il y a eu un changement significatif.

Seuil critique de la variable dépendante

L'interprétation des résultats de sondages doit tenir compte de l'erreur d'échantillonnage qui est d'environ trois pour cent pour un échantillon standard de 1500 personnes. On ne peut être certain de la direction majoritaire de l'opinion que si le seuil critique dépasse la marge d'erreur d'échantillonnage. Par implication, il faut qu'au moins 53 pour cent de l'opinion soutienne ou s'oppose à une politique proposée pour pouvoir dire s'il y a accord ou désaccord entre l'opinion et la politique.

Variables indépendantes associées au concept opératoire de fermeté de la direction de l'opinion : une première variable que nous associerons au concept de fermeté de la direction de l'opinion publique a trait à l'importance des questions de sondage dans l'opinion. Il est logique de penser que le public est mieux informé sur les questions qu'il juge importantes. Les décideurs politiques auront plus tendance à se plier à la volonté populaire sur les questions saillantes que sur les questions non saillantes, toutes choses étant égales par ailleurs. La direction de l'opinion sur une question jugée importante (saillante) sera réputée ferme. À l'inverse, nous considérons que la direction de l'opinion manque de fermeté sur les questions qui ne sont pas jugées importantes (saillantes) par le public.

Nous retiendrons deux autres variables pour rendre compte du concept de fermeté dans la direction de l'opinion publique, à savoir l'étendue de la majorité et l'homogénéité de l'opinion sur chaque question de sondage. Il est logique de penser que l'existence d'une forte majorité de soutien ou d'opposition à une question de sondage devrait inciter les décideurs politiques à suivre la préférence populaire, toutes choses étant égales par ailleurs. Ceci est d'autant plus vrai que l'opinion est homogène, c'est-à-dire qu'elle va dans la même direction dans toutes les régions, dans toutes les classes d'âge et dans tous les groupes socio-économiques.

Variable intermédiaire associée au concept opératoire de courroies de transmission institutionnelles et médiatiques : pour donner un contenu empirique au concept de courroies de transmission institutionnelles et médiatiques, nous utiliserons trois variables destinées à cerner l'influence nette de trois groupes d'acteurs susceptibles d'intervenir dans la relation entre l'opinion publique et les décisions politiques : les acteurs gouvernementaux, les groupes de pression organisés et les médias. Pour ce faire, nous comptabiliserons les initiatives de ces groupes d'acteurs en distinguant les initiatives qui coïncident avec la direction majoritaire de l'opinion de celles qui la contredisent.

Variables antécédentes : notre analyse devra aussi tenir compte de variables antécédentes. Ce sont des variables autres que celles que nous avons retenues dans notre cadre opératoire initial, mais qui sont néanmoins susceptibles de « fausser » la relation d'accord ou de désaccord espérée entre l'opinion publique et les politiques gouvernementales. Parmi les variables antécédentes possibles, nous retiendrons, pour commencer, l'effort de mobilisation de l'opinion par les élites gouvernementales. La mobilisation de l'opinion par les élites gouvernementales peut en effet positivement influencer à la fois la saillance d'une question dans l'opinion (la variable indépendante) et l'accord entre l'opinion et la décision gouvernementale (la variable dépendante). Ceci risque de rendre caduque la relation observée entre la variable indépendante et la variable dépendante. L'effort de mobilisation de l'opinion publique sera mesuré à l'aide de deux variables qui se justifient d'elles-mêmes : l'effort financier et l'effort médiatique, consentis par le gouvernement sur chaque question.

Nous retiendrons aussi comme variable antécédente le domaine fonctionnel de politique. Selon certains chercheurs, l'accord entre opinion et politique devrait être peu fréquent sur les questions de politique étrangère, parce que l'opinion publique est mal informée et les décideurs politiques peuvent donc ne pas tenir compte de l'opinion sur ces questions, sans crainte de représailles aux prochaines élections. À l'inverse, l'accord entre opinion et politique devrait être plus fréquent sur les questions de politique intérieure où l'opinion est mieux informée.

Une autre variable antécédente à considérer dans l'étude de la relation entre l'opinion et les politiques est l'idéologie du parti au pouvoir. Il est possible que l'accord entre opinion et politique sur certaines questions de politique varie selon que le parti au pouvoir est plutôt à gauche ou plutôt à droite. Il faut aussi considérer les répercussions possibles de l'année du sondage. Il est possible que la relation d'accord ou de désaccord entre opinion et politique soit affectée par une tendance temporelle profonde.

Indicateurs des variables

Il s'agit ensuite de trouver des indicateurs pour nos variables d'explication. Nos indicateurs respecteront autant que possible les exigences de précision, de fidélité et de validité. En construisant nos indicateurs, nous devrons toutefois compter avec les moyens techniques limités dont nous disposons. Par ailleurs, nous chercherons à reproduire autant que possible des indicateurs déjà utilisés par d'autres chercheurs. Pour ne pas trop allonger ce travail, nous n'étudierons en détail que les indicateurs de la variable associée à la saillance des questions dans l'opinion. Les indicateurs des autres variables explicatives sont reportés dans la dernière colonne du tableau analytique des variables et des indicateurs.

Indicateurs de la variable saillance des questions : les instituts de sondages demandent parfois aux répondants de classer les questions qui leurs sont posées par ordre d'importance. Un tel classement est un indicateur idéal de la saillance d'une question dans l'opinion. Malheureusement, la plupart des résultats de sondages ne donnent pas de renseignements sur l'importance relative des questions aux yeux des répondants. Nous devrons donc faire appel à un deuxième indicateur de la saillance des questions de sondages. Il s'agit du pourcentage de répondants qui « ne savent pas » ou « n'ont pas d'opinion » sur chaque question de sondage. L'indicateur choisi a l'avantage d'être facile à obtenir. Mais il n'est pas entièrement valide. En effet, s'il est logique de penser que plus le pourcentage de non-réponses est élevé sur une question, moins cette question est saillante dans l'opinion, il faut reconnaître également que certaines questions de sondages saillantes dans l'opinion peuvent provoquer des pourcentages de non-réponses élevés parce qu'elles portent sur des sujets tellement sensibles ou complexes que beaucoup de répondants informés hésitent à prendre (ou à révéler) une position sur ces questions.

Il est possible de traiter la variable saillance des questions comme une variable ordonnée. Dans ce cas, nous devrons fixer le seuil critique de l'indicateur en procédant de la façon suivante : une question sera réputée avoir une saillance élevée dans l'opinion si moins de dix pour cent des personnes interrogées dans un sondage répondent qu'elles ne savent pas ou n'ont pas d'opinion sur cette question. Sinon, la question sera réputée avoir une saillance faible. Un tel indicateur n'est toutefois pas très précis (il nous fait perdre de l'information). C'est pourquoi il est préférable de retenir la valeur absolue du pourcentage de répondants qui ne savent pas ou qui n'ont pas d'opinion comme indicateur de notre variable. Notre variable sera donc une variable continue, dont la valeur peut varier théoriquement de zéro à cent pour cent.

Tableau analytique des variables et des indicateurs

Variable	Attribut	Niveau de mesure	Indicateur et seuil critique
Direction majoritaire de l'opinion	*statu quo/* changement	nominale	0 = *statu quo* 1 = changement 9 = incertain (lorsque le seuil critique < la marge d'erreur)
Direction de la décision du gouvernement	*statu quo/* changement	nominale	0 = *statu quo* 1 = changement 9 = incertain
Variable dépendante : Relation entre direction majoritaire de l'opinion et direction de la décision du gouvernement	accord/ désaccord	nominale	accord= au moins 53 % de l'opinion soutient la décision du gouvernement désaccord= au moins 53 % de l'opinion s'oppose à la décision du gouvernement incertain si l'étendue de la majorité < 53 %
Variables indépendantes : Étendue de la majorité dans l'opinion	valeur numérique	ratio	pourcentage de réponses dans la même direction
Homogénéité de l'opinion	homogène/ divisée	nominale	absence (codée 1) ou présence (codée 0) de majorités contradictoires : – dans les régions – parmi les groupes socio-économiques – selon le sexe
Manque d'importance de la question dans l'opinion.	valeur numérique	ratio	pourcentage de répondants qui « ne savent pas » ou n'ont « pas d'opinion »

Variable	Attribut	Niveau de mesure	Indicateur et seuil critique
Variables intermédiaires :			
Initiatives parlementaires et gouvernementales	valeur numérique	intervalle	Total des initiatives du gouvernement, du Parlement et des groupes de pression et des intervention médiatiques qui coïncident avec la direction majoritaire de l'opinion moins total des initiatives et interventions qui vont dans un sens opposé à la direction majoritaire de l'opinion.
Initiatives des groupes de pression	valeur numérique	intervalle	
Initiatives des médias	valeur numérique	intervalle	
Variables antécédentes :			
Effort financier de mobilisation de l'opinion par le gouvernement	valeur numérique	ratio	Budget publicitaire du gouvernement en millions de dollars
Effort médiatique de mobilisation de l'opinion par le gouvernement	valeur numérique	ratio	Tirage des dépliants gouvernementaux en millions
Domaine de politique	politique étrangère/ politique intérieure	Nominale	n.a.
Idéologie du parti au pouvoir	gauche/droite	Nominale	% de portefeuilles ministériels occupés par la gauche moins % de portefeuilles ministériels occupés par la droite
Date du sondage	valeur numérique	ratio	n.a.

CINQUIÈME ÉTAPE

CHOISIR LA STRATÉGIE DE VÉRIFICATION

IL est peu fréquent que la construction du cadre opératoire conduise directement à la collecte de l'information ; il faut habituellement choisir entretemps la stratégie de vérification, étape qui prend de plus en plus de place dans le processus de recherche. Mais puisque cet élément a une importance moindre dans les travaux de portée plus restreinte que l'on réalise lors du baccalauréat, nous limiterons au minimum le traitement de cette étape du projet de recherche à propos de laquelle il faut néanmoins connaître les éléments de base.

Quels sont la nature et le rôle de la stratégie de vérification[1] ?

Dans l'art militaire, on établit habituellement une nette distinction entre la stratégie et la tactique. La stratégie fait référence aux choix généraux que doit effectuer un état-major quant au terrain où mener l'attaque, au nombre de fronts à ouvrir ou encore à l'adversaire, s'ils sont plusieurs et de force inégale. La tactique est une décision à portée plus restreinte relative à la manœuvre et au type de moyens à utiliser pour gagner une bataille particulière. En politique, la stratégie comprend les orientations générales privilégiées par un gouvernement, tandis que la tactique fait référence aux moyens précis

---

1. Nous nous inspirons pour cette partie de Robert K. YIN, *Case Study Research, Design and Methods*, Beverly Hills, Sage, Applied Social Research Methods Series, vol. 5, 1989, p. 13-26.

utilisés pour réaliser les objectifs généraux. C'est un peu la même chose sur le plan de la recherche scientifique.

> La stratégie de vérification est un choix général sur la façon de déployer les ressources pour appliquer le plus efficacement possible le cadre opératoire, de manière à obtenir la réponse la plus pertinente à la question spécifique de recherche. C'est le choix que l'on doit faire quant au nombre de cas à utiliser et au type de recherche à réaliser pour assurer la vérification la plus complète possible de l'hypothèse.

Le choix de la stratégie de vérification est donc une étape essentielle de la recherche parce que la décision qui en résultera servira à déterminer la nature de l'observation à réaliser, le type d'information à recueillir et le type de traitement de données à effectuer.

Quels sont les types de stratégies de vérification ?

Il n'existe pas de typologie unique commune à tous les auteurs pour classifier les stratégies de recherche ou de vérification ; on en rencontre pas moins de six qui reviennent communément dans les travaux scientifiques.

La recherche de développement vise à mettre au point ou à améliorer des interventions précises dans le milieu. Cette stratégie s'applique à des questions de recherche du type « comment améliorer le dépistage de certains phénomènes ou maladies (par exemple violence familiale ou SIDA) ? » ou « comment renforcer l'*input* de l'opinion publique sur les décisions politiques ? » (pour reprendre la problématique qui sert d'exemple dans les illustrations). En général, la recherche de développement ne vise pas à vérifier des hypothèses théoriques, c'est pourquoi elle ne convient pas aux problématiques de recherche en science politique telles qu'elles sont présentées dans ce manuel.

La recherche de simulation a pour objectif de simuler le comportement d'un système en agissant sur les variables du modèle construit pour représenter ce système. On peut utiliser la simulation pour vérifier certaines hypothèses de comportements de groupe ; par exemple, l'hypothèse que le comportement tac-au-tac est une stratégie gagnante dans le jeu du dilemme du prisonnier[2]. La recherche de simulation a toutefois des exigences particulières qui ne correspondent pas en général aux conditions de la recherche en science politique.

La recherche expérimentale provoquée est celle où le chercheur maîtrise à la fois la variable indépendante et la variable dépendante. Il dirige totalement l'expérience en cours, c'est-à-dire qu'il peut manipuler les facteurs d'intervention pour en déterminer les effets possibles sur l'objet ou le sujet de l'intervention. Ainsi, des biologistes peuvent manipuler plus facilement n'importe quel type de produit selon des conditions qu'ils déterminent et vérifient, pour en étudier les effets sur les groupes d'animaux qu'ils sélectionnent et localisent dans un milieu soumis à des contrôles. En raison de ses exigences particulières, cette stratégie est rarement utilisée en sciences sociales, sauf lorsque les occasions s'y prêtent ; en revanche, elle l'est beaucoup plus en psychologie expérimentale.

La vérification expérimentale spontanée ou « *quasi expérimentale* », où le chercheur contrôle (manipule) la variable indépendante mais pas la variable dépendante. Dans une recherche sur l'influence des inspections mécaniques sur le taux d'accidents mortels sur la route, on peut choisir les sujets étudiés par voie d'échantillonnage aléatoire et séparer ces sujets en deux groupes (groupe expérimental et groupe de contrôle). La stratégie de vérification consiste alors à observer les taux d'accidents dans chacun des groupes pour voir si les accidents dans le groupe expérimental (le groupe soumis à l'inspection mécanique) sont moins fréquents que les accidents dans le groupe de contrôle.

L'enquête quantitative (ou corrélationnelle), très utilisée en sciences sociales, s'apparente à la vérification expérimentale spontanée. Le chercheur ne contrôle plus ni la variable dépendante ni la variable indépendante dans le sens de manipulation expérimentale. Mais il peut encore « manipuler » la variable indépendante, au moins intellectuellement. Par exemple, est-ce qu'on observe une réduction du taux d'accidents mortels après introduction de l'inspection mécanique ? (test « avant-après »). Alternativement, est-ce qu'on

---

2. En théorie des jeux, le dilemme du prisonnier est censé illustrer une situation où la rationalité individuelle impose à chaque joueur de choisir une stratégie de non-coopération (donc de tirer avantage des autres joueurs) alors que la rationalité collective leur impose de choisir une stratégie de coopération. D'où le dilemme. La stratégie individuelle du tac-au-tac consiste à adopter, chacun son tour, le choix du joueur précédent (défection en réponse à une défection ; coopération en réponse à une coopération).

observe moins d'accidents mortels dans les États où l'on procède à une inspection que dans les États où on ne la fait pas ? (test comparatif). À noter que les trois stratégies (expérimentale, quasi expérimentale et d'enquête corrélationnelle) se prêtent bien à l'analyse quantitative sur une grand nombre de données.

L'étude de cas est également une stratégie de vérification très utilisée en sciences sociales. Comme dans l'enquête, le chercheur ne peut manipuler les variables en cause, mais seulement observer les interrelations possibles entre ces variables. L'étude de cas est une stratégie de recherche empirique qui permet d'étudier des phénomènes contemporains dans la réalité où les frontières entre le phénomène et son contexte ne sont pas toujours claires et où il faut habituellement utiliser des sources multiples d'information et d'évidence. Cette définition, empruntée à Yin, permet de remarquer que l'étude de cas, qu'il s'agisse de cas uniques ou de cas multiples, ne permet pas de généraliser facilement, mais favorise en revanche une analyse plus approfondie d'un phénomène donné. À la différence de l'enquête, l'étude de cas, le plus souvent, favorise davantage l'utilisation de l'observation documentaire pour la collecte de l'information.

Une étape cruciale dans la vérification par voie d'étude de cas consiste à choisir le nombre et la nature des cas à étudier. L'étude de cas unique sert à décrire en profondeur un phénomène de façon à vérifier la vraisemblance des explications théoriques de ce phénomène. La description d'un phénomène n'est toutefois pas toujours suffisante pour parvenir à cet objectif. Il convient alors de faire appel à la comparaison entre des cas multiples. Un chercheur qui choisit la stratégie de vérification par étude de cas devra expliquer pourquoi il choisit d'étudier soit un cas unique, soit des cas multiples. Il devra aussi justifier pourquoi il choisit d'étudier certains cas plutôt que d'autres. Les choix quant à la nature des cas à étudier reposent sur des critères méthodologiques assez complexes sur lesquels nous n'insisterons pas dans ce manuel (l'étudiant pourra consulter les textes spécialisés sur ce sujet). Ces choix reposent aussi beaucoup sur le sens commun et la disponibilité des informations utiles au traitement de la problématique à l'étude.

On ne doit pas établir une hiérarchie entre les stratégies de vérification : aucune n'est en elle-même meilleure ou pire que l'autre du point de vue de la recherche et de la connaissance scientifique. Chacune peut être utilisée pour des analyses exploratoires, descriptives ou explicatives, de la même façon que toutes peuvent être utilisées pour des études descriptives ou comparatives. C'est en réalité la nature du sujet retenu et la façon dont on formule le problème de recherche qui détermineront la stratégie de vérification la plus appropriée dans chaque cas. Une stratégie donnée pourra ainsi donner d'excellents résultats de recherche dans un cas, mais sera parfaitement inopérante ou même non pertinente dans un autre. Il est toujours extrêmement important de se rappeler à cet égard — ce que l'on ne fait pas toujours en sciences sociales — que ce n'est pas la stratégie ou la technique qui détermine le problème de recherche mais plutôt la nature du problème qui impose la stratégie et détermine la technique à utiliser.

Supposons que nous ayons énoncé l'hypothèse selon laquelle la représentation proportionnelle avec scrutin de liste facilite la représentation des femmes dans les Parlements nationaux. L'argument théorique à la base de notre hypothèse postule que la représentation proportionnelle avec scrutin de liste permet aux petits partis d'élire plus de candidats, y compris les petits partis qui placent des candidates féminines en tête de liste. En outre, la concurrence des petits partis incite les grands partis à courtiser l'électorat féminin en plaçant, eux aussi, des candidates en tête de liste (avec un scrutin de liste, les candidats en tête de liste ont la certitude d'être élus)[3].

Dans notre exemple sur la relation entre mode de scrutin et représentation des femmes, il est évident que l'on ne peut pas utiliser la stratégie expérimentale provoquée puisqu'on ne maîtrise ni la variable dépendante (le taux de représentation des femmes) ni la variable indépendante (le mode de scrutin). On pourrait, à la rigueur, utiliser une stratégie expérimentale spontanée par voie de simulation. Il s'agira alors de recenser un certain nombre de cas reproduisant le plus fidèlement possible les systèmes de partis et les institutions parlementaires de pays comparables sur le plan socioculturel. Il faudra ensuite construire un modèle en vue d'une simulation sur ordinateur avec lequel

---

3. On trouvera un exemple récent d'étude de cas sur le mode de scrutin et la représentation des femmes dans Richard E. MATLAND, « Institutional Variables Affecting Female Representation in National Legislatures : The Case of Norway », *The Journal of Politics*, vol. 55, n° 3, 1993, p. 737-755. Une étude quantitative sur la même problématique est fournie par Lisa YOUNG (sous la direction), *Systèmes électoraux et corps législatifs représentatifs*, Conseil consultatif canadien sur la situation des femmes, Ottawa, Services at Approvisionnements Canada, 1994. Voir aussi Manon TREMBLAY et Réjean PELLETIER, *Que font-elles en politique ?*, Sainte-Foy, Les Presses de l'Université Laval, 1995.

on pourra reproduire, selon les conditions spécifiques données, différentes interrelations afin d'observer l'influence du changement dans le mode de scrutin sur la représentation féminine et en d'arriver à des conclusions quant à la vérification de notre hypothèse.

Une autre stratégie possible consiste à choisir quelques États ayant adopté récemment le scrutin de liste et à reporter les variations de niveau de représentation des femmes dans les Parlements de ces États pendant les trente dernières années. On procède ensuite à un test « avant-après » pour vérifier si l'on observe bien une augmentation de la représentation féminine après, et seulement après, la date d'introduction du scrutin de liste.

Une autre stratégie consiste à comparer un large échantillon de pays au même moment pour tester l'hypothèse selon laquelle la représentation des femmes est plus forte dans les États qui ont un scrutin de liste que dans les États à scrutin majoritaire, toutes choses étant égales par ailleurs.

L'étude de cas est également une stratégie de recherche possible pour vérifier la vraisemblance de l'explication théorique selon laquelle la représentation proportionnelle avec scrutin de liste incite les partis à placer des candidates en tête de liste. Selon l'information disponible, il faudra alors choisir entre l'analyse portant sur une étude de cas unique et l'analyse comparée portant sur des études de cas multiples. Par exemple, on pourrait choisir un pays qui a changé récemment de mode de scrutin (la France ou la Nouvelle-Zélande, par exemple) et étudier, en profondeur, les répercussions du changement de scrutin sur les éléments (stratégie des partis politiques, comportements électoraux) susceptibles d'influencer la représentation féminine.

Validité de la preuve

Il n'existe pas de règle précise ou de recette miracle pour déterminer la stratégie à adopter dans chaque cas ; c'est en bonne partie une question de jugement et de connaissance du sujet. Et c'est également un choix qui dépend de la façon dont le problème aura été formulé, de la nature de la relation postulée en hypothèse, du choix des variables et des indicateurs retenus et, finalement, de la nature et de l'accessibilité de l'information nécessaire pour la démonstration.

En général, on évalue la qualité de la stratégie de recherche retenue par la capacité à confronter l'hypothèse aux faits concrets. Cette évaluation s'effectue sur la base du critère de validité de la preuve. Il y a deux aspects, parfois contradictoires, de la validité de la preuve en recherche.

> La validité interne d'un projet de recherche est la certitude plus ou moins grande que la conclusion d'une expérience reflète bien ce qui s'est effectivement passé dans cette expérience.

Dans le contexte d'une expérimentation, la question de la validité interne revient à savoir si le traitement expérimental fait une différence. Autrement dit, est-ce que la relation observée entre les variables est vraiment le résultat de la manipulation ou bien s'il est pollué par d'autres variables qui n'ont pas été contrôlées durant l'expérience ? Par exemple, la validité interne d'une expérience qui se déroule dans le temps peut être menacée par toutes sortes de facteurs, tels que l'histoire (les événements imprévus se produisant entre deux mesures), la maturation (par exemple la fatigue accrue des sujets au cours de l'expérience) ou la mortalité (en l'occurrence la disparition de sujets d'un test à l'autre). L'interaction entre le chercheur et les sujets (effet de test) constitue une autre menace à la validité interne bien connue des chercheurs. Par exemple, dans un test expérimental pour vérifier les répercussions des inspections mécaniques sur les accidents routiers, la validité interne se trouve menacée par le fait que le test n'est pas aveugle, c'est-à-dire que les sujets du groupe expérimental ne sont pas choisis à leur insu, et cela peut influencer leur comportement de conduite pendant le test.

> La validité externe est la certitude plus ou moins forte que l'on peut généraliser les résultats d'une recherche à d'autres populations ou à d'autres cas.

Un autre terme pour validité externe est la capacité de généraliser. La principale menace à la validité externe d'un projet de recherche expérimental provient de l'effet d'interaction entre la situation de test et le stimulus expérimental. Par exemple, dans un test où l'on expose des sujets à un stimulus (publicité télévisée des partis politiques avant une élection) pour voir si cela change leur choix électoral, on n'est jamais sûr que le même stimulus aurait le même effet dans une autre situation. Il se peut que le stimulus dans l'expérience avec les sujets ait plus d'effet que dans la vie courante parce que les sujets de l'expérience sont artificiellement préparés à ce que le stimulus influence leur choix électoral.

Reprenons notre exemple d'hypothèse liant le mode de scrutin au taux de représentation des femmes dans les Parlements nationaux et supposons que nous voulions tester cette hypothèse par voie d'enquête, plus particulièrement à l'aide d'une étude corrélationnelle comportant seulement deux variables (le niveau de représentation des femmes et le mode de scrutin) mais beaucoup d'observations (c'est-à-dire beaucoup de Parlements élus). L'avantage d'une telle stratégie de recherche est que nous disposons précisément de beaucoup d'observations, ce qui veut dire que notre recherche sera assez exhaustive quant au nombre et à la variété des cas étudiés pour que sa validité externe ne soit pas menacée. Toutefois, un test corrélationnel de ce type se heurte à un problème de validité interne puisque les résultats du test risquent d'être « pollués » ou biaisés par des variables qui n'ont pas été prises en compte dans notre équation. Pour régler ce problème, il serait nécessaire d'incorporer ces variables supplémentaires au devis. Mais les données de ces autres variables risquent d'être difficiles à cueillir. Nous n'avons sûrement ni le temps ni les ressources pour collecter les données de ces variables sur l'ensemble des observations dont nous disposons.

À l'inverse, nous pourrions choisir d'analyser en détail l'influence du mode de scrutin sur la représentation des femmes dans quelques Parlements élus seulement ou même un seul Parlement élu dans une recherche synthétique par étude de cas. Contrairement à la recherche quasi expérimentale ou à une recherche corrélationnelle portant sur un grand nombre d'observations, notre recherche par étude de cas reposera sur peu d'observations (peut-être une seule). Cela nous coûtera bien sûr en termes de capacité de généralisation des résultats de l'étude ; en revanche, cela nous permettra de couvrir le terrain en profondeur par l'analyse d'un grand nombre de variables, en particulier les variables qui nous posaient un problème de collecte dans le cas de l'étude corrélationnelle. En termes scientifiques, l'avantage de la stratégie de vérification par étude de cas, c'est que ses résultats sont moins menacés par le problème de validité interne.

On voit bien dans notre exemple que la validité interne et la validité externe varient en relation inverse. En règle générale, on ne peut espérer maximiser à la fois la validité interne et la validité externe en n'utilisant qu'une seule stratégie de recherche. L'idéal serait bien sûr de combiner l'approche corrélationnelle (plus quantitative) à l'analyse synthétique par étude de cas (plus qualitative). On gagnerait ainsi sur les deux tableaux car la validité de notre recherche se trouverait maximisée à la fois sur le plan externe et sur le plan interne.

Recherche corrélationnelle ou recherche par étude de cas : laquelle choisir ?

Le choix entre recherche quantitative (soit avec devis quasi expérimental, soit par voie d'enquête corrélationnelle) et recherche qualitative par étude de cas doit s'opérer sur la base de critères précis. Voici les quatre critères principaux qui vous permettront de mieux établir votre choix.

La nature des données. Lorsque les données recueillies sont de nature quantitative (données numériques en particulier), il est tout indiqué de faire appel à une stratégie de recherche corrélationnelle avec l'utilisation de l'outil d'analyse statistique. À l'inverse, si les données ne sont pas de nature quantitative, alors il faudra plutôt penser à procéder à une étude synthétique par voie d'étude de cas.

La nature de l'hypothèse. Lorsqu'une hypothèse prédit une variation dans le niveau de la variable dépendante à la suite ou en fonction d'une variation dans le niveau d'une ou plusieurs variables indépendantes, là encore, il convient de faire appel à la stratégie corrélationnelle et à l'analyse statistique. Si l'hypothèse n'est pas exprimée en termes de covariation de niveaux, alors il est peut-être préférable de choisir une stratégie de recherche synthétique par voie d'étude de cas.

La nature de la variable dépendante. Lorsqu'on a une seule variable dépendante ou plusieurs variables dépendantes non reliées entre elles, c'est-à-dire qu'elles peuvent être étudiées une à une, alors on choisit la stratégie de recherche par étude corrélationnelle avec analyse statistique. Si, au contraire, on a plusieurs variables dépendantes interreliées, l'approche synthétique par étude de cas est peut-être mieux appropriée. Tout dépend de l'intensité présumée de l'interrelation entre les variables dépendantes.

La nature et le nombre des variables indépendantes. L'étude corrélationnelle et l'utilisation de l'outil statistique sont recommandées lorsqu'il y a peu de variables d'explication. Le problème est que l'étude d'un phénomène complexe comporte un grand nombre de variables d'explications, et en particulier un grand nombre de variables contrôlé. Cela ne veut pas dire que les analyses statistiques ne conviennent pas à l'étude des phénomènes complexes, mais plutôt qu'un chercheur qui souhaite utiliser les outils d'analyse statistique pour traiter d'un problème complexe devra s'attacher à diviser ce problème en le simplifiant. Plutôt que de garder un problème complexe dans son entier, il est parfois préférable de prendre seulement certaines parties du problème et de trouver des questions de recherche et des hypothèses simples (mais pas simplistes), facilement vérifiables par voie d'analyse statistique. Un exemple de problématique simple serait de tester seulement l'hypothèse selon laquelle le scrutin de liste influence positivement la représentation des femmes dans les Parlements nationaux, sans trop nous préoccuper des nombreuses autres variables d'explication de la représentation des femmes.

RÉSUMÉ

1. La stratégie de vérification est la manière de déployer des ressources pour appliquer le plus efficacement possible le cadre opératoire.

2. La stratégie expérimentale exige du chercheur qu'il puisse à la fois contrôler et manipuler la variable dépendante et la variable indépendante. C'est la moins utilisée en sciences sociales.

3. La stratégie quasi expérimentale est celle où le chercheur peut au moins manipuler la variable indépendante. La simulation sur ordinateur est un des exemples les plus pertinents.

4. L'enquête est l'une des stratégies les plus utilisées en sciences sociales ; elle ne permet aucune manipulation des variables étudiées.

5. L'étude de cas est très fréquente en sciences sociales. Elle ne permet pas de manipuler les variables et ne favorise pas les généralisations, mais l'analyse d'un phénomène donné est plus approfondie.

6. Il n'y a pas de hiérarchie entre les stratégies de recherche, c'est la nature du problème à traiter qui détermine la stratégie de vérification la plus pertinente et la plus efficace.

7. Le projet de recherche doit non seulement justifier la stratégie de vérification, mais également en préciser et en justifier les paramètres.

Comment choisir la stratégie de vérification

1. S'assurer d'avoir bien compris la relation posée en hypothèse.

2. Réfléchir sur l'ensemble de la démarche nécessaire à la vérification de l'hypothèse en ayant à l'esprit les grands paramètres des principales stratégies de vérification.

3. Déterminer la stratégie retenue en précisant comment la validité interne et la validité externe seront préservées.

4. Justifier le choix de la stratégie en fonction des travaux antérieurs, de l'information disponible sur l'objet d'étude, de la nature de l'hypothèse et de la nature et du nombre des variables d'analyse.

LECTURES RECOMMANDÉES

CONTANDRIOPOULOS, André-Pierre *et al.*, *Savoir préparer une recherche. La définir, la structurer, la financer*, Montréal, Les Presses de l'Université de Montréal, 1990, p. 33-53.

GAUTHIER, Benoît, « La structure de la preuve », dans Benoît Gauthier (sous la direction de), *Recherche sociale. De la problématique à la collecte des données*, 3e éd. revue et augmentée, Québec, Presses de l'Université du Québec, 1997, p. 127-158.

MUCCHIELLI, Alex, *Dictionnaire des méthodes qualitatives en sciences humaines et sociales*, Paris, Armand Colin, 1996, p. 77-80.

YIN, Robert K., *Case Study Research: Design and Methods*, Newbury Park, Sage Publications, 1989, 166 p.

SIXIÈME ÉTAPE

NOUS sommes prêts maintenant à aborder les étapes plus concrètes ou plus spécifiques du travail empirique. La première de ces étapes est le choix de l'instrument ou des instruments de collecte de l'information, car aucune recherche empirique n'est possible sans une base suffisante d'informations.

Quel type d'information sélectionner?

Dans le monde judiciaire, la présentation de la preuve constitue toujours un moment important qui, souvent, détermine la nature du jugement rendu. Et pour préparer sa preuve, un avocat ne peut se contenter d'aligner uniquement des points de droit, il doit aussi recueillir et utiliser tous les faits de nature à étayer son argumentation. C'est un peu la même procédure en recherche scientifique où la collecte de l'information est une étape importante du travail empirique parce qu'elle fournit l'élément de base pour la vérification de l'hypothèse. La quantité d'information, sa nature et son degré d'accessibilité constituent autant de conditions au succès ou à l'échec de l'effort de vérification. Voilà pourquoi il faut, ici aussi, procéder méthodiquement et, surtout, éviter de consulter rapidement quelques ouvrages pour en tirer des faits épars qu'on alignera n'importe comment dans un semblant de démonstration. On doit obtenir tous les faits, mais ne recueillir que les faits pertinents. Le cadre opératoire et la stratégie de vérification indiqueront exactement quel type d'information ou quelle catégorie de faits il faudra recueillir pour vérifier l'hypothèse.

Nous avons posé en hypothèse une relation spécifique à démontrer sur un sujet donné ; le cadre opératoire nous a permis de préciser les référents empiriques sur lesquels concentrer notre attention pour mener l'étude à bien ; la stratégie de vérification est venue ajouter des éléments supplémentaires de précision.

> Au moment de la collecte de l'information, il n'est pas nécessaire de recenser tous les faits sur le sujet plus large de la recherche ; tout ce dont on a besoin, c'est de l'information directement pertinente aux concepts opératoires de l'hypothèse précisés dans le cadre opératoire par des variables et des indicateurs. On doit cependant posséder toute l'information nécessaire relative aux éléments du cadre opératoire, autrement la vérification de l'hypothèse pourrait s'avérer difficile.

Quel type d'instrument utiliser ?

Selon la nature de l'analyse, la recherche empirique pourra nécessiter un seul ou une combinaison de deux ou trois instruments de collecte d'information. Le projet de recherche précisera celui ou ceux qui seront privilégiés par le chercheur.

Nous allons maintenant présenter brièvement quelques instruments potentiels de collecte de l'information. Nous n'irons pas cependant pas jusqu'à indiquer la façon d'utiliser chaque instrument, car cela irait à l'encontre des objectifs de concision de ce guide. La plupart des ouvrages de méthodologie traitent abondamment des modes d'utilisation des instruments de collecte de l'information et il ne servirait à rien de répéter ici les développements proposés ailleurs.

> L'observation documentaire est l'instrument de collecte de l'information le plus utilisé en science politique. Selon cette technique, le chercheur consulte des documents desquels il extrait une information factuelle (statistiques ou faits bruts de comportement verbal, telle une déclaration

> ministérielle, ou non verbal, tels un vote, une visite, etc.)
> ou des opinions ou conclusions scientifiques qui lui servi-
> ront à appuyer son argumentation.

Les catégories de documents pouvant faire l'objet d'observation documentaire sont les mêmes que les catégories de classement étudiées à l'étape de la présentation de la bibliographie : ouvrages spécialisés, documents officiels, périodiques spécialisés, autres périodiques et sources Internet. Il est certain que les documents officiels prennent une importance particulière à l'étape de la collecte de l'information, puisqu'ils constituent une source privilégiée d'information de première main (les autres catégories contiennent plutôt des sources secondaires d'information qui sont moins utiles à cette étape).

> L'entrevue (ou entretien) est un moyen par lequel le chercheur tente d'obtenir des informations, qui ne se trouvent nulle part ailleurs, auprès de personnes ayant été le plus souvent témoins ou acteurs d'événements sur lesquels porte la recherche.

L'entrevue peut prendre différentes formes selon l'objet de la recherche, les sujets interrogés ou les modalités techniques de réalisation de l'entretien. Utilisée comme instrument d'appoint, l'entrevue est utile surtout au début et à la fin de la recherche : au début, elle sert essentiellement à s'assurer que les grands axes retenus pour la recherche s'appuient sur des bases solides et peut permettre de découvrir des pistes de recherche insoupçonnées ; à la fin d'une recherche, elle sert plutôt à assurer le bien-fondé de certaines conclusions auxquelles on est parvenu ou encore à nuancer certains jugements analytiques.

Peu importe sa forme ou le moment de la recherche où l'on fait appel à elle, il est toujours très important de consigner, pendant ou après l'entretien, les renseignements recueillis. Par ailleurs, il est recommandé de réaliser plusieurs entrevues pour assurer, par la confrontation des renseignements recueillis, la véracité des informations obtenues. L'entrevue sert, en principe, à obtenir l'information fournie par le sujet ; l'entrevue peut aussi servir à observer les réactions du sujet aux stimuli produits par le chercheur.

> Le sondage est une enquête d'envergure réalisée auprès de plusieurs centaines de personnes afin de recueillir, de façon systématique, un ensemble d'informations pertinentes

> concernant l'objet d'étude. Le sondage est habituellement réalisé à partir de questionnaires structurés administrés à une partie prédéterminée de la population au moyen de rencontres personnelles, d'envois postaux ou d'appels téléphoniques.

On distingue trois grands types de sondages : sondages autoadministrés (auxquels les sujets répondent librement) par la poste par exemple, sondages administrés par le chercheur par téléphone et sondages administrés par voie d'entrevues.

Lorsqu'on procède à une nouvelle enquête par sondage comportant des questions qui n'ont jamais été posées avant, on a avantage à commencer par un prétest sur quelques dizaines de sujets.

On sonde un échantillon, pas la population. Dans un échantillon aléatoire (tiré au hasard), tous les éléments de la population ont la même chance d'être choisis. Un échantillonnage stratifié consiste à diviser la population en strates et à tirer des échantillons aléatoires dans chaque strate. Les résultats sont pondérés en fonction de l'importance de chaque strate dans la population.

Les résultats de sondages publiés régulièrement dans les journaux sont devenus des instruments pour publiciser les opinions d'une population, à un moment précis dans le temps, sur des sujets de nature politique, économique ou socioculturelle. Les sondages peuvent également servir à recueillir des informations factuelles qui nous permettront de vérifier certaines relations posées en hypothèse.

> Moins utilisée en science politique que les instruments précédents, l'observation directe consiste, pour un chercheur, à observer directement son objet d'étude ou le milieu dans lequel le phénomène se produit afin d'en extraire les renseignements pertinents à sa recherche. C'est le cas, par exemple, d'un chercheur qui se rendrait sur place pour étudier certains aspects de la vie d'une communauté villageoise ou paysanne, ou d'un chercheur que l'on autoriserait à assister à certaines réunions de commissions parlementaires ou à suivre le processus de prise de décision au sein de certaines officines gouvernementales ou privées.

L'observation directe favorise une connaissance beaucoup plus approfondie de l'objet d'étude que tout autre instrument de collecte d'information ; elle exige en revanche un effort beaucoup plus systématique de la part du chercheur étant donné les risques beaucoup plus grands de biais ou d'interférences inhérents à l'utilisation de cet instrument.

> L'observation participante est en quelque sorte une variante de l'observation directe au sens où le chercheur n'est plus uniquement spectateur mais devient, cette fois, également acteur à l'égard du phénomène ou du milieu qu'il observe. En somme, la distinction entre chercheur et sujet disparaît dans l'observation participante.

Ce fut le cas du politicologue que le président Kennedy avait invité à travailler à la Maison-Blanche au début des années 1960. À ce titre, il avait participé comme membre à part entière aux décisions du Conseil national de sécurité au moment de la crise des missiles de 1962. À son départ de la Maison-Blanche, il avait utilisé certaines de ses observations pour réaliser une étude sur la prise de décision américaine pendant cette crise en fonction de l'approche bureaucratique. Il est inutile d'insister sur le fait que les risques d'interférences auxquels nous avons fait allusion dans le cas de l'observation directe sont encore plus présents ici.

L'observation documentaire, l'entrevue et le sondage sont les instruments les plus couramment utilisés pour la collecte de l'information en science politique, tout simplement parce qu'ils sont plus faciles à utiliser que les autres. En contrepartie, l'observation directe et l'observation participante dépendent beaucoup de la nature du sujet traité. L'observation participante est particulièrement tributaire d'éléments contextuels et parfois même du hasard. C'est pourquoi la majorité des travaux en science politique ont été exécutés soit par l'observation documentaire, soit par l'entrevue ou encore par le sondage.

Modalités d'utilisation des instruments de collecte de l'information

Dans un projet de recherche, on doit préciser et justifier son choix en matière d'instruments de collecte de l'information : il faut également préciser les paramètres ou les modalités d'application de l'instrument ou des instruments retenus. Ces modalités varient selon l'instrument choisi. Ainsi, dans le cas de l'observation documentaire, il faut indiquer au moins la période de la consultation et préciser les sources privilégiées, et le type et la nature des publications officielles que l'on compte utiliser. Par exemple, s'il s'agit de documents statistiques ou de banques de données, il faut en établir la pertinence par rapport au sujet à traiter, à la base de calcul ou à l'accessibilité des séries statistiques.

Dans le cas de l'entrevue et du sondage, il convient au moins de préciser et de justifier l'échantillon retenu (nombre et type de répondants). Pour l'entrevue, il peut être utile d'annexer le protocole d'entrevue ou d'indiquer les grands thèmes sur lesquels porteront les questions afin que l'on voie bien comment l'instrument servira à la vérification de l'hypothèse. Pour ce qui est du sondage, il est nécessaire de fournir des précisions concernant le format, le mode d'administration et les questions retenues.

Enfin, dans le cas de l'observation directe et de l'observation participante, il faut déterminer la nature du phénomène observé, la période d'observation ainsi que les modalités d'application de l'observation.

L'énoncé de ces précisions et justifications est nécessaire d'abord pour le chercheur lui-même, car il ne suffit pas de savoir quel instrument on va utiliser, il faut également être conscient des avantages à utiliser un instrument plutôt qu'un autre, ainsi que des difficultés éventuelles d'application de l'instrument retenu. Le projet de recherche contribue à cette prise de conscience et, ce faisant, facilite l'analyse ultérieure.

Critères d'évaluation des techniques de collecte de l'information

Le choix des instruments de collecte de l'information s'effectue sur la base de plusieurs critères précis que le chercheur devra énoncer clairement. Voici une liste de cinq critères importants qui servent à évaluer et à comparer les techniques de collecte de l'information :

◇ La *réactivité d'une mesure* est la possibilité que cette mesure soit faussée par la présence de l'observateur.

◇ La *fiabilité de l'instrument de mesure* est la capacité de l'instrument de mesurer fidèlement un phénomène.

> ◇ La *validité d'un instrument de mesure* indique la capacité de l'instrument à bien mesurer le phénomène à l'étude ainsi que son potentiel de généralisation.
>
> ◇ La *facilité d'accès* aux données brutes et le *coût de la collecte* et de la mise en forme de ces données.
>
> ◇ Les *aspects/obstacles éthiques* (consentement et anonymat des sujets) liés à l'utilisation d'un instrument de collecte. Ces aspects sont discutés plus longuement dans la huitième étape de ce manuel.

Du point de vue de ces critères, l'observation documentaire a plusieurs avantages. La réactivité de la mesure obtenue par l'observation documentaire est faible et souvent totalement absente (parce que l'information est recueillie auprès de sources qui n'anticipent pas qu'un chercheur viendra les consulter). Son coût est faible et son accès facile; elle ne pose pas de problème éthique. Par contre, l'observation documentaire a un désavantage certain lié au fait que le chercheur est prisonnier des sources d'information existantes, donc pas libre de produire les données qui conviennent à certaines recherches. Autre désavantage de l'observation documentaire: la réactivité est toujours possible lorsque les gens qui fournissent l'information savent que cette dernière servira à la recherche.

L'avantage principal de l'entrevue est qu'elle établit un contact direct avec le sujet. L'entrevue est donc recommandée lorsqu'un contact direct avec le sujet est souhaitable parce que l'information recherchée porte sur des questions trop complexes pour faire l'objet d'un sondage ou sur des comportements trop intimes pour être directement observés. Un autre avantage de l'entrevue est sa validité élevée. Par contre, la réactivité de la mesure par entrevue est maximale parce que la collaboration du sujet est nécessaire. Le coût de l'entrevue est en général plus élevé que celui des autres instruments de collecte de l'information. Enfin, l'entrevue peut poser des problèmes éthiques.

La réactivité de la mesure obtenue par voie de sondage varie, en principe, selon qu'on procède à un sondage par la poste (moins réactif) ou à un sondage par téléphone (plus réactif). Le faible coût des enquêtes postales (ou par téléphone) est un atout important dont les chercheurs savent tirer avantage. La validité de la mesure obtenue par sondage postal (ou téléphonique) est moindre que la validité des mesures obtenues par sondage par entrevue. Ceci parce que le sondage par entrevue donne des possibilités d'observer les sujets que les autres méthodes ne donnent pas.

L'avantage principal de l'observation directe est la validité des mesures ainsi produite, ceci parce que le chercheur est sur le terrain. Les désavantages de l'observation sont le manque de fiabilité (observation personnelle donc subjective), le manque de potentiel de généralisation, la réactivité de la mesure obtenue. Paradoxalement, l'observation participante peut contribuer à diminuer la réactivité (c'est en partie pourquoi cette méthode a été inventée) parce qu'elle permet d'observer certains comportements à l'insu des sujets. Ce type d'observation participante fait cependant appel à la supercherie ; il soulève donc des problèmes éthiques.

RÉSUMÉ

1. La collecte de l'information doit être réalisée de façon sélective. Le cadre opératoire et la stratégie de vérification déterminent la nature de l'information à recueillir.

2. Le projet de recherche doit préciser les instruments qui seront privilégiés par le chercheur pour la collecte de l'information. En science politique, l'observation documentaire, l'entrevue et le sondage sont les trois instruments les plus utilisés pour ce faire.

3. Le projet de recherche doit également préciser et justifier les modalités d'application des instruments retenus pour la collecte de l'information sur la base de critères précis. C'est pour le chercheur un exercice nécessaire qui lui permettra de prévoir les difficultés éventuelles à ce niveau et lui facilitera l'analyse de son sujet d'étude.

Comment choisir une technique de collecte de l'information

1. Bien analyser le cadre opératoire afin de déterminer le type d'information nécessaire pour l'analyse que l'on se propose d'effectuer.

2. Apprécier au mieux la démarche exigée par chacune des principales techniques de collecte de l'information.

3. Analyser attentivement le type d'information à recueillir pour réaliser la recherche.

4. Choisir la technique de collecte de l'information en fonction des étapes précédentes en justifiant son choix et en précisant les paramètres en fonction desquels la technique retenue sera utilisée.

LECTURES RECOMMANDÉES

Observation documentaire

LOUBET DEL BAYLE, Jean-Louis, *Introduction aux méthodes en sciences sociales*, 2ᵉ éd. augmentée, Toulouse, Privat, 1986, p. 102-109.

MANHEIM, Jarol B. et Richard C. RICH, *Empirical Political Analysis, Research Methods in Political Science*, New York, St. Martin's Press, 1981, p. 210-229.

Entrevue

DESLAURIERS, Jean-Pierre, *Recherche qualitative. Guide pratique*, Montréal, McGraw-Hill, 1991, p. 33-41.

LOUBET DEL BAYLE, Jean-Louis, *Introduction aux méthodes en sciences sociales*, 2ᵉ éd. augmentée, Toulouse, Privat, 1986, p. 36-45.

QUIVY, Raymond et Luc VAN CAMPENHOUDT, *Manuel de recherche en sciences sociales*, 2ᵉ éd. revue et augmentée, Paris, Dunod, 1995, p. 194-198.

POUPART, Jean, « L'entretien de type qualitatif : considérations épistémologiques, théoriques et méthodologiques », dans GROUPE DE RECHERCHE INTERDISCIPLINAIRE SUR LES MÉTHODES QUALITATIVES, *La recherche qualitative. Enjeux épisté-*

mologiques et méthodologiques, Montréal, Gaëtan Morin éditeur, 1997, p. 173-209.

SAVOIE-ZAJC, Lorraine, « L'entrevue semi-dirigée », dans Benoît Gauthier (sous la direction de), *Recherche sociale. De la problématique à la collecte des données*, 3ᵉ éd. revue et augmentée, Québec, Presses de l'Université du Québec, 1997, p. 263-286.

Sondages

LOUBET DEL BAYLE, Jean-Louis, *Introduction aux méthodes en sciences sociales*, 2ᵉ éd. augmentée, Toulouse, Privat, 1986, p. 46-77.

BLAIS, André et Claire DURAND, « Le sondage », dans Benoît Gauthier (sous la direction de), *Recherche sociale. De la problématique à la collecte des données*, 3ᵉ éd. revue et augmentée, Québec, Presses de l'Université du Québec, 1997, p. 357-399.

GRAWITZ, Madeleine, *Méthodes des sciences sociales*, 10ᵉ édition, Paris, Dalloz, 1996, p. 485-496.

Observation directe et observation participante

DESLAURIERS, Jean-Pierre, *Recherche qualitative. Guide pratique*, Montréal, McGraw-Hill, 1991, p. 46-52.

JOHNSON, Janet B. et Richard A. JOSLIN, *Political Science Research Methods*, Washington, CQ Press, 1986, p. 223-247.

LAPERRIÈRE, Anne, « L'observation directe », dans Benoît Gauthier (sous la direction de), *Recherche sociale. De la problématique à la collecte des données*, 3ᵉ éd. revue et augmentée, Québec, Presses de l'Université du Québec, 1997, p. 241-262.

MUCCHIELLI, Alex, *Dictionnaire des méthodes qualitatives en sciences humaines et sociales*, Paris, Armand Colin, 1996, p. 146-152.

JACCOUD, Mylène et Robert MAYER, « L'observation en situation et la recherche qualitative », dans GROUPE DE RECHERCHE INTERDISCIPLINAIRE SUR LES MÉTHODES QUALITATIVES, *La recherche qualitative. Enjeux épistémologiques et méthodologiques*, Montréal, Gaëtan Morin éditeur, 1997, p. 173-209.

QUIVY, Raymond et Luc VAN CAMPENHOUDT, *Manuel de recherche en sciences sociales*, 2ᵉ éd. revue et augmentée, Paris, Dunod, 1995, p. 199-203.

| du choix de stratégie de vérification
et des instruments de collecte de l'information

Titre (rappel)

L'utilisation des sondages d'opinion par les décideurs politiques

Rappel du cadre opératoire

Nous avons précisé les attributs et les niveaux de mesure de certaines variables d'explication de la relation entre l'opinion publique et les décisions gouvernementales. Notre cadre opératoire met l'accent plus particulièrement sur les variables et les indicateurs associés à la nature de l'opinion publique telle qu'elle est révélée par les résultats de sondages et aux courroies de transmission institutionnelles entre l'opinion publique et les décisions de politique publique.

La stratégie de vérification

Au terme de nos opérations de conceptualisation du problème de recherche, nous pouvons constater deux choses. Premièrement, il existe beaucoup de résultats de sondages associés aux décisions (ou non-décisions) gouvernementales. Autrement dit, nous disposons d'un grand nombre d'observations potentielles. Deuxièmement, nous pouvons constater que les données de certaines variables et de divers indicateurs dans notre cadre opératoire sont faciles à cueillir et à quantifier. Les données faciles à colliger sont les données sur l'opinion publique et les décisions gouvernementales qui servent à construire la variable dépendante et les variables indépendantes, ainsi que les données de trois variables antécédentes (domaine de politique, idéologie du parti au pouvoir, date du sondage).

Stratégie corrélationnelle : nous allons donc tirer avantage de ces deux atouts en choisissant une stratégie de vérification corrélationnelle portant non seulement sur les variables que nous venons juste d'énumérer mais sur beaucoup d'observations. L'avantage d'une telle stratégie tient précisément au grand nombre d'observations, ce qui veut dire que nous pourrons généraliser nos résultats de recherche sans trop risquer de nous tromper.

Toutefois, une stratégie de vérification purement quantitative se heurte à deux obstacles. Premier obstacle : les variables intermédiaires et certaines variables antécédentes de notre cadre opératoire ne seront pas prises en compte dans ces tests, soit parce que la collecte des données de ces variables sur un grand nombre de cas est trop compliquée (par exemple, au Canada, les données sur l'effort financier de mobilisation de l'opinion devront vraisemblablement faire l'objet de demandes spéciales en vertu de la Loi sur l'accès à l'information) soit parce que ces données sont difficilement quantifiables (c'est la cas, par exemple, des initiatives parlementaires et gouvernementales). Deuxième obstacle : nous avons vu à l'étape de la formulation du problème que notre question spécifique de recherche soulève deux questions subsidiaires importantes ayant trait à la direction de la causalité dans la relation entre l'opinion et les décisions gouvernementales politiques, d'une part, et à l'interprétation des résultats de sondages par les élites dirigeantes, d'autre part. Ces deux questions subsidiaires sont malheureusement trop complexes pour être étudiées sérieusement à l'aide d'analyses uniquement corrélationnelles.

Étude de cas : pour surmonter ces deux obstacles, nous utiliserons un devis de recherche synthétique par étude de cas. Contrairement au test corrélationnel qui portera sur l'ensemble des observations, notre devis par étude de cas reposera sur peu d'observations (quelques sondages seulement) ; en revanche, cela nous permettra de couvrir le terrain en profondeur par l'analyse d'un grand nombre de variables, en particulier les variables qui posent des problèmes dans le devis corrélationnel. Autrement dit, la stratégie de vérification par étude de cas nous donnera des éléments de preuve que la stratégie de vérification corrélationnelle est incapable de nous fournir.

Choix du cas à étudier : dans cette recherche, nous allons étudier l'utilisation des résultats de sondages d'opinion par les décideurs gouvernementaux dans le domaine de la politique canadienne du maintien de la paix pendant les dix dernières années. Le terme « maintien de la paix » est entendu ici au sens large et couvre donc non seulement les opérations de maintien de la paix proprement dites mais aussi les opérations de diplomatie préventive et de rétablissement de la paix prévues au chapitre IV de la Charte des Nations Unies. Concrètement, cela veut dire que nous étudierons six interventions : guerre du Golfe, Somalie, Bosnie, Haïti, Kosovo et Timor oriental.

Plusieurs considérations ont guidé notre choix :

◇ Les questions de politique de maintien de la paix ont donné lieu à des sondages fréquents. La pertinence et la validité de nos résultats de recherche seront d'autant plus fortes que ces résultats reposent sur un grand nombre de sondages.

◇ Les interventions des troupes canadiennes à l'étranger, dans des zones souvent dangereuses, ne manquent pas de soulever des débats publics dans la population.

◇ Il s'agit d'événements récents sur lesquels nous disposons d'une riche information. Cela nous permettra de décrire la relation entre opinion et politiques en profondeur, de façon à mieux vérifier la vraisemblance des explications théoriques de cette relation.

◇ Il y a eu plusieurs interventions auxquelles plusieurs pays ont participé. Cela nous permettra de comparer les caractéristiques de la relation entre opinion et politiques propres à chaque intervention et à chaque pays participant. La comparaison entre le Canada, les États-Unis et les pays européens sera privilégiée à cette occasion.

Instruments de collecte de l'information

La collecte des données d'opinion publique qui serviront à construire la variable dépendante et les variables indépendantes se fera par observation documentaire, en consultant les résultats de sondages Gallup administrés périodiquement à un échantillon représentatif de la population canadienne par l'Institut canadien d'opinion publique. Les résultats de sondages Gallup sont disponibles auprès du Canadian Gallup Poll Index de l'Université Carleton (accessible par le Web). Nous ne retiendrons que les résultats de sondages portant sur des questions politiques suffisamment précises pour pouvoir déterminer si la solution proposée a fait l'objet d'une décision gouvernementale ou non. Dans l'étude de cas, nous cueillerons les résultats de sondages d'opinion sur les questions de maintien de la paix en Europe et aux États-Unis.

Nous utiliserons aussi l'observation documentaire pour cueillir l'information sur les décisions gouvernementale. Les données de décisions gouvernementales incluent les lois votées par le Parlement, les décisions réglementaires et budgétaires, les jugements de la cour, les traités diplomatiques. Ces données seront cueillies dans les archives et les répertoires où les événements et décisions politiques sont indexés annuellement, en particulier *Canadian Annual Review of Politics and Public Affairs*, *Canadian News Facts*, *Facts on File* et *Keesing's Contemporary Archives*. Ces mêmes sources seront utilisées pour la collecte des données d'initiatives gouvernementales et d'initiatives des groupes de pression servant à construire les variables intermédiaires du cadre opératoire. Nous procéderons aussi à une analyse de contenu des médias écrits (un quotidien national et un hebdomadaire national) sur les questions de maintien de la paix.

Une partie de l'information pour l'étude de cas sera cueillie par voie d'entrevues auprès des décideurs, des représentants des groupes d'intérêt, de journalistes et d'organismes de sondages. Nous construirons un tronc commun de questions d'entrevues à partir duquel nous choisirons celles qui paraîtront les plus pertinentes dans chaque situation d'entrevue. Certaines questions d'entrevues seront destinées à clarifier comment les élites gouvernantes manipulent les perceptions de l'opinion publique. D'autres questions d'entrevues porteront sur les sources d'information autres que les sondages qui peuvent être utilisées par les décideurs politiques pour construire leur interprétation de l'opinion. Les entrevues seront semi-directives de façon à permettre aux enquêteurs d'« ajuster le tir » en fonction des sujets soulevés par les répondants.

TRAITER LES DONNÉES

A PRÈS avoir formulé le problème et déterminé la question spécifique de recherche à laquelle on compte répondre, après avoir énoncé l'hypothèse et construit le cadre opératoire devant orienter l'ensemble de la recherche et après avoir précisé et justifié le choix de la stratégie de vérification et des instruments de collecte de l'information qui seront utilisés, il nous faut maintenant indiquer comment réaliser l'analyse des données.

Le traitement des données est certainement l'un des exercices les plus difficiles du processus de recherche sur le plan opérationnel. Ainsi, pour simplifier, nous avons subdivisé cette étape en deux sous-étapes principales : la classification de l'information et l'analyse proprement dite des données, la première étant préalable à la seconde.

Comment classer l'information ?

Après avoir exposé et justifié ses choix en matière d'instruments de collecte de l'information, le chercheur doit prévoir et imaginer la situation à laquelle il devra faire face au moment du traitement des données. En général, il détient une quantité importante de faits ou d'informations dont les liens ne sont pas toujours évidents ou existants ; c'est pourquoi il faut dès lors transformer ces faits en données. Car les faits en eux-mêmes ne signifient rien, c'est le chercheur qui leur donne leur sens en les transformant en données qu'il analysera et interprétera par la suite selon la problématique de départ.

> C'est essentiellement par un exercice systématique de classification de l'information que le chercheur parvient à transformer les faits en données. Le terme « données » est réservé pour qualifier l'information traitée.

> La classification de l'information consiste à classer les faits recueillis à l'intérieur de catégories préalablement déterminées par les référents empiriques du cadre opératoire et la ou les techniques d'analyse retenues.

En indiquant ce que l'on doit observer dans la réalité pour vérifier l'hypothèse, le cadre opératoire nous fournit par la même occasion l'amorce de classification en fonction de laquelle nous devons répartir les faits recueillis au moment de l'observation. À cette sous-étape du traitement des données, il faut préciser la méthode de classification de l'information que l'on compte utiliser; il s'agit essentiellement d'un rappel des catégories analytiques qui serviront de catégories de classification. Il faudra également indiquer les paramètres en fonction desquels les faits seront inclus dans les catégories de classification.

Reprenons notre exemple de recherche liant le mode de scrutin et la représentation des femmes dans les Parlements nationaux et supposons, dans un premier temps, que nous ayons choisi d'analyser ce lien par voie corrélationnelle en utilisant un grand nombre de cas. La représentation des femmes est la variable dépendante et le mode de scrutin est la variable indépendante. Nous retenons le pourcentage de représentation des femmes dans les Parlements nationaux en 1998 comme indicateur de la variable dépendante (c'est donc une variable de ratio) et nous retenons trois attributs comme indicateurs de la variable indépendante: scrutins uninominal, mixte et de liste. Les indicateurs de ces deux variables deviennent automatiquement des catégories de classification, puisque c'est en fonction d'eux qu'il nous faudra classer l'information recueillie. Le projet de recherche doit donc apporter des précisions et indiquer la procédure pour réaliser la classification. Dans l'exemple retenu, il nous faudra d'abord indiquer comment l'information sur les modes de scrutin sera regroupée et comptabilisée. Puisque nous projetons d'effectuer des analyses corrélationnelles (quantitatives), il faudra attribuer un code numérique particulier à chaque catégorie de mode de scrutin (par exemple la valeur +1 pour le scrutin de liste, la valeur 0 pour le scrutin mixte et la valeur –1 pour le scrutin uninominal)[1]. Il faut ensuite répéter l'exercice pour les valeurs numériques de la variable dépendante.

Pour bien visualiser comment la mise en forme les données des variables s'effectuera en vue de leur analyse, il n'est pas inutile de construire un tableau de données. Par convention, chaque rangée d'un tableau de données représente une observation (c'est-à-dire un pays) et chaque colonne du tableau représente une variable. Le tableau qui suit présente le classement simplifié des données d'analyse de la relation entre le mode de scrutin et la représentation des femmes dans quelques parlements nationaux.

Exemple simplifié d'un tableau de données d'analyse

Observation	Pays	Représentation des Femmes (%)	Mode de scrutin	Nombre d'années
1	Norvège	36,4 %	Liste = +1	90
2	Suède	42,7 %	Liste = +1	69
3	Islande	25,2 %	Liste = +1	76
4	Canada	20,6 %	Uninominal = –1	74
5	Allemagne	30,9 %	Mixte = 0	55
6	Mexique	17,2 %	Mixte = 0	43
7	Mali	31,2 %	Uninominal = –1	32

Notez que nous avons inclus une variable indépendante supplémentaire dans la colonne de droite du tableau : le nombre d'années qui sépare, dans chaque pays, la date pour les données de la variable dépendante (1998) de la date de la première élection où les femmes ont eu le droit d'être candidates. En effet, il est logique de penser

---

1. Les valeurs +1, 0, et –1 ne sont pas attribuées au hasard. En effet, nous postulons l'existence d'une corrélation positive entre mode de scrutin et représentation des femmes par hypothèse. Nous espérons donc que les valeurs élevées de la variable représentation covarient avec des valeurs positives (+1) de la variable mode de scrutin et que les valeurs basses de la variable représentation covarient avec les valeurs négatives (–1) de la variable mode de scrutin.

que, toutes choses étant égales par ailleurs, la représentation des femmes dans les Parlements élus tend à être plus élevée dans les pays où les femmes ont le droit d'être candidates aux élections nationales depuis longtemps que dans les pays qui n'ont accordé ce droit aux femmes que récemment.

Supposons maintenant que nous ayons choisi d'effectuer notre recherche sur le lien entre le mode de scrutin et la représentation des femmes par voie d'enquête qualitative sous la forme d'une étude de cas en vérifiant la vraisemblance de l'explication théorique selon laquelle le passage d'un mode de scrutin uninominal à un mode de scrutin de liste avec représentation proportionnelle incite les dirigeants des partis politiques à placer un nombre suffisant de femmes en tête de liste de façon à assurer leur élection. L'explication théorique comporte un certain nombre d'implications (conditions causales) qui établissent sa vraisemblance. Ainsi le lien posé en hypothèse risque fort d'être influencé par le type de scrutin proportionnel adopté, le nombre et la nature de la compétition entre les partis, la nature idéologique de chaque parti, la présence ou l'absence d'engagement électoral sur la question à l'étude[2], etc. L'exercice de classement de l'information consistera donc à 1) établir la liste détaillée de ces implications et 2) indiquer sous forme de tableau analytique, pour chaque condition, si elle est présente ou absente dans le cas étudié.

Comment analyser les données ?

La classification de l'information nous a permis d'obtenir un corpus structuré de données qu'il nous faut maintenant analyser. Il existe différents procédés auxquels on peut faire appel pour l'analyse des données. Il ne s'agit pas ici de faire le point sur chacun d'entre eux, mais de présenter brièvement ceux qui sont utilisés le plus couramment en science politique. Et pour les mêmes raisons qui ont prévalu au moment de la présentation des instruments de collecte de l'information, nous n'allons pas non plus détailler ici les modes d'utilisation de ces procédés. On consultera à cet égard les ouvrages spécialisés déjà publiés sur le sujet.

---

2. C.f. L'engagement du Parti socialiste (France) aux élections présidentielles de 1981 d'instituer la représentation proportionnelle pour les élections à l'Assemblée nationale et d'inclure au moins 30 % de femmes dans les listes électorales.

> L'analyse statistique ou probabiliste vise à établir des relations de covariations mathématiques entre les variables déterminées dans le cadre opératoire. L'utilisation de cette technique exige que les données faisant l'objet d'analyse statistique puissent être quantifiées par dénombrement ou mesure et qu'elles soient suffisamment nombreuses pour pouvoir faire intervenir la loi des grands nombres.

Il peut être utile de recourir aux statistiques aux deux étapes du traitement des données. Elles peuvent être utilisées tout d'abord pour décrire les données qui sont alors présentées sous la forme de moyenne arithmétique, d'écart par rapport à la moyenne, d'écart-type, de médiane et de quartile, ou encore pour établir, dans l'analyse, des relations mathématiques entre les variables par la construction d'échelles, l'établissement de pourcentages ou d'indices, le calcul de corrélations ou de régression.

L'analyse statistique doit être privilégiée chaque fois que la nature du problème et le type de données en cause le permettent, car elle accroît indiscutablement la précision de l'analyse et réduit ainsi les risques de biais. Il faut cependant être conscient du fait que cette technique comporte aussi ses risques et qu'on doit l'utiliser avec minutie. C'est finalement le nombre de cas à traiter qui détermine s'il est préférable d'effectuer une analyse statistique dans le travail de recherche.

L'étape d'analyse des données d'un projet de recherche vise à montrer comment le chercheur s'y prendra pour analyser les données une fois qu'elles auront été cueillies. On ne vous demandera donc pas de procéder aux analyses. Nous procéderons toutefois à certaines analyses dans le but de vous montrer ce qu'il est possible de faire avec nos données.

L'analyse statistique sert à estimer de façon chiffrée la relation entre la variable dépendante (représentation des femmes) et chacune des variables indépendantes (mode de scrutin, nombre d'années depuis que les femmes ont le droit d'être candidates) sur un grand nombre d'observations (pays). Cette relation se mesure à l'aide d'outils statistiques dont la signification et la complexité varient. Par exemple, notre hypothèse prédit que le mode de scrutin influence la représentation des femmes. Une façon simple de tester cette prédiction est de mesurer l'association entre ces deux variables en construisant un tableau de contingence ou, plus simplement, un tableau croisé. Voici un exemple de tableau où l'on a croisé les données de la variable dépendante (taux de représentation des femmes : faible, élevé) et de la variable indépendante (scrutin uninominal, mixte et de liste).

Tableau de contingence associant les fréquences observées des variables représentation des femmes et mode de scrutin

	Représentation faible	Représentation forte	Total des rangées
Scrutin uninominal	6	2	8
Scrutin mixte	1	4	5
Scrutin de liste	2	7	9
Total des colonnes	9	12	22

Les valeurs du tableau indiquent qu'il y a bien association positive entre la représentation des femmes et les modes de scrutin mixte et de liste. En effet la majorité des pays où la représentation des femmes est faible ont un scrutin uninominal. À l'inverse, la plupart des pays à forte représentation féminine ont des scrutins soit mixte, soit de liste. Ceci semble confirmer, intuitivement au moins, notre hypothèse. Les tests statistiques, le test du Chi-carré par exemple, permettent de calculer avec précision si l'association entre deux variables est statistiquement significative ou si elle est simplement due au hasard[3].

Une autre façon d'associer statistiquement une variable dépendante à une variable indépendante consiste à présenter visuellement cette association dans un diagramme de dispersion. Par exemple, la figure qui suit montre le nuage de points (diagramme de dispersion) obtenu en corrélant les pourcentages de représentation des femmes dans un échantillon de 22 pays avec le nombre d'années depuis que les femmes ont le droit d'être candidates dans chacun de ces pays. Chaque point du diagramme représente donc l'intersection de la valeur de ces deux variables pour chaque observation (chaque pays). Notez la droite de régression qui traverse le diagramme en diagonale

---

3. Sans entrer dans les détails, indiquons simplement que le test du Chi-carré consiste à comparer les fréquences (ou pourcentages) observées dans chaque cellule du tableau croisé aux fréquences espérées, c'est-à-dire aux fréquences qui auraient été obtenues dans chaque cellule si la représentation des femmes n'était pas influencée par le mode de scrutin.

de bas en haut. Cette droite représente les valeurs de la variable dépendante (représentation des femmes) telles qu'elles sont estimées ou prédites sur la base des données de la variable indépendante (nombre d'années). Les écarts verticaux entre chaque point du diagramme et la droite de régression représentent les résidus de régression, c'est-à-dire la portion du taux de représentation des femmes dans chaque pays qui n'est pas « expliquée » par le nombre d'années depuis que les femmes ont le droit d'être candidates[4].

Diagramme de dispersion des variables représentation des femmes et nombre d'années

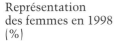

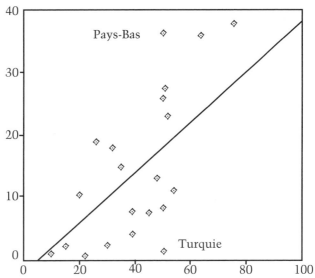

Nombre d'années depuis que les femmes sont candidates

Supposons que tous les points du diagramme de dispersion soient situés exactement sur la droite de régression. Cela voudrait dire que les variations de la variable nombre d'années expliquent la totalité des variations de la variable représentation des femmes ; autrement dit, la corrélation entre ces deux variables serait parfaitement positive. La corrélation observée sur la base de notre échantillon de 22 pays n'est évidemment pas parfaite ; mais le patron du diagramme de dispersion indique que la relation entre la variable repré-

---

4. Les étudiants curieux d'approfondir l'étude des méthodes quantitatives pourront consulter utilement William FOX, *Statistiques sociales*, traduit et adapté par Louis M. IMBEAU, Québec, Les Presses de l'Université Laval, 1999.

sentation des femmes et la variable nombre d'années est positive, plutôt linéaire et d'assez forte intensité.

> L'analyse qualitative est un exercice structuré de mise en relation logique de variables et, par voie de conséquence, de catégories de données. C'est le type d'exercice par lequel on tente de reproduire logiquement un schéma mental de l'évolution d'un phénomène ou d'une interrelation entre phénomènes, en essayant à vérifier, par l'observation, le degré de correspondance entre cette construction de l'esprit et la situation réelle. Naturellement, cette façon de procéder, parce qu'elle ne fait pas appel à la quantification, exige du chercheur une attitude d'extrême prudence étant donné les éléments de subjectivité pouvant intervenir au moment de l'interprétation.

L'analyse qualitative peut prendre différentes formes, notamment le *pattern-matching*. L'idée consiste à construire, sur le plan du langage, une reproduction logique la plus fidèle possible d'un comportement séquentiel et à vérifier le degré de correspondance entre cette construction de l'esprit et la situation réelle.

Supposons, pour reprendre notre exemple, que l'on veuille étudier les conséquences de l'implantation du scrutin de liste sur la représentation des femmes. L'implantation du scrutin de liste provoque, par hypothèse, une augmentation du nombre de candidates élues. Nous avons donc construit mentalement un modèle logique reproduisant une situation empirique. Pour établir la vraisemblance de ce modèle, il faut observer la situation réelle afin d'en extraire des faits qui confirmeront que les conséquences anticipées sur le plan du raisonnement logique existent dans la situation réelle. (On pourrait aussi reprendre l'analyse dans le cas, cette fois, de l'adoption du scrutin uninominal en remplacement du scrutin de liste, auquel cas, les conclusions devraient être contraires à celles de l'exercice précédent.) Il faut toujours être à l'affût, dans ces situations, des menaces potentielles à la validité du modèle. Par exemple, un changement d'équipe à la direction d'un parti politique pourrait avoir provoqué les conséquences observées, plutôt que l'implantation d'un nouveau mode de scrutin. La confirmation de la validité du modèle exige par conséquent l'élimination de cette autre explication.

Le pattern-matching exige donc une étude comparative structurée entre le modèle imaginé par le chercheur et sa contrepartie sur le plan de la situation empirique. Étant donné que l'on recourt rarement à la quantification dans ce type d'analyse qualitative, il faut accorder beaucoup d'importance à la structuration logique du cadre opératoire, dont le lien est encore plus étroit ici avec l'étape du traitement des données.

La construction d'explication est une autre forme d'analyse qualitative ; c'est en quelque sorte une variante du pattern-matching. C'est le procédé analytique, associé à l'étude de cas explicative, par lequel le chercheur propose une explication logique en interreliant des variables et tente de valider ou d'invalider l'explication proposée en la comparant à la situation empirique.

Le procédé exige au moins deux opérations de base : la formulation initiale d'un énoncé théorique ou d'une proposition relative à une politique ou un comportement social et la confrontation des résultats de la recherche empirique avec l'énoncé ou la proposition initiale. Généralement, la validité d'une telle explication n'est assurée que par une étude comparative de cas de même nature.

Ce type d'analyse a été utilisé par Barrington Moore dans son célèbre ouvrage sur les origines sociales de la démocratie et de la dictature, dans lequel il énonçait la proposition initiale que les classes sociales dominantes jouent un rôle déterminant dans l'orientation d'une société vers l'un ou l'autre type de régime politique. Son ouvrage est le résultat d'une analyse comparative de six sociétés nationales où il a tenté de vérifier la validité de l'explication postulée à partir d'une grille analytique qu'il a appliquée, de façon normative, à chacune des sociétés retenues.

Ce type d'analyse qualitative peut exiger également d'élaborer des hypothèses rivales que l'on doit infirmer pour que l'explication de base soit validée. Ici encore, il faut construire minutieusement un cadre opératoire de façon à préciser au mieux les catégories de classification de l'information et à éviter le plus possible toute confusion quant aux interrelations des variables.

Une autre technique d'analyse qualitative, souvent utilisée par les historiens, est l'analyse documentaire. Si l'observation documentaire est une technique de collecte des données, elle peut aussi devenir une technique d'analyse importante. On distingue habituellement deux étapes dans l'analyse documentaire : celle de l'analyse préliminaire et celle de l'analyse proprement dite. L'analyse préliminaire est une évaluation critique du document. Plus précisément, on procède par la description du contexte, l'identification de l'auteur ou des auteurs du texte, l'authenticité et la fiabilité du texte, la nature du texte et, enfin, l'identification des concepts clés et la logique interne du texte. Ces étapes dûment complétées permettent de passer à l'analyse proprement dite à partir de la problématique et de son hypothèse de départ. C'est un mouvement de déconstruction/reconstruction des données que permet cette forme d'analyse. Une variante de cette technique d'analyse est celle qui consiste à analyser le document à partir de la segmentation des temps : présent, passé, futur. Cet ordre des temps s'explique par le fait que l'on situe le document dans son contexte (présent), que l'on revient ensuite en arrière pour comprendre comment il est né (passé) et, enfin, qu'on mesure les répercussions que ce dernier a eues dans les événements analysés (futur).

L'analyse qualitative est le type d'analyse de données qui pose le plus de problèmes et qui présente les plus grands dangers sur le plan de l'interprétation. En recourant peu à la quantification — ce qui, soit dit en passant, n'est pas une tare en soi et s'impose souvent par la nature du problème à traiter —, on élargit en effet le champ de l'interprétation et l'on accroît par conséquent les risques de biais de toutes sortes. L'analyse qualitative est le procédé de traitement de données qui exige du chercheur le plus de discipline, le plus de rigueur et l'attention la plus soutenue. Le cadre opératoire est plus important dans l'analyse qualitative que dans un autre type d'analyse, car aucune opération spécifique concrète ne l'écarte du traitement des données : c'est sa rigueur qui fait foi de tout.

Toutefois, pour parer à ces difficultés et ainsi augmenter la rigueur dans l'emploi de techniques d'analyse qualitative, on peut faire appel à ce que Huberman et Miles nomment les tactiques de vérification ou de confirmation des résultats. Sans procéder à la nomenclature complète de ces tactiques, il convient tout de même de faire une présentation rapide des principaux outils qu'elles utilisent. Un premier mode de validation des résultats intéressants est celui qui est basé sur la signification des cas atypiques. Cette tactique vise à repérer les exceptions que l'on retrouve lors de l'analyse de nos données et à trouver en quoi ces exceptions diffèrent des autres cas standard.

Ainsi, nous avons signalé, dans le diagramme de dispersion en page 109, deux pays (les Pays-Bas et la Turquie) pour lesquels les taux de représentation des femmes s'éloignent très sensiblement des valeurs espérées sur la base du temps écoulé depuis que les femmes ont le droit d'être élues. Le taux de représentation des femmes aux Pays-Bas est trop élevé par rapport à la valeur de la variable nombre d'années alors que le taux de représentation des femmes en Turquie est trop faible par rapport aux prédictions du modèle. En langage statistique, les Pays-Bas et la Turquie représentent des valeurs extrêmes ou aberrantes, parce que celles-ci ne respectent pas bien le patron d'ensemble des autres pays étudiés dans notre échantillon (les cas standard). Les Pays-Bas et la Turquie mériteraient une analyse qualitative destinée à expliquer en profondeur pourquoi ils diffèrent des cas standard.

Une seconde tactique est celle de la vérification des explications rivales. Cette tactique consiste à avancer plusieurs explications rivales jusqu'à ce que l'une d'entre elles s'impose progressivement, en s'appuyant sur des preuves plus nombreuses, plus convaincantes et plus variées. Une dernière tactique est celle de la triangulation qui propose la combinaison de plusieurs instruments de collecte de l'information en vue de compenser le biais inhérent à chacun d'eux et permettant ainsi de vérifier la justesse et la stabilité des résultats produits. Il existe plusieurs types de triangulations, parmi lesquels on retrouve la triangulation méthodologique qui explicitement propose de recourir à plusieurs instruments de collecte de données pour assurer une diversité dans l'information recueillie, et la triangulation théorique qui repose sur la construction de plusieurs cadres théoriques permettant une interprétation large des données.

L'analyse de contenu est souvent présentée comme un instrument de collecte de l'information, négligeant en cela de dissocier l'étape préalable de l'observation documentaire de celle de l'analyse de contenu proprement dite. C'est l'une des seules techniques qui associe aussi étroitement deux opérations de nature différente, mais, sur le plan de la logique de la méthode, elle doit indiscutablement être considérée comme une technique de mesure et d'analyse des données[5].

> L'analyse de contenu est une technique d'analyse des données visant à décrire et à interpréter de manière systématique le contenu manifeste des communications. C'est une technique que l'on utilise pour répondre à cinq questions soulevées par l'analyse interne d'une communication : Qui parle ? Pour dire quoi ? Par quels procédés ? À qui ? Avec quel effet recherché ?

Pour effectuer une analyse de contenu, il faut construire une grille d'analyse qui servira à évaluer le contenu des communications. La structuration de cette grille, directement influencée par le cadre opératoire élaboré à une étape antérieure du projet de recherche, exigera par ailleurs la réalisation de quelques opérations préparatoires. Ainsi, il faut d'abord déterminer l'objectif de l'exercice, qui est généralement fourni par le cadre opératoire. Compte tenu de cet objectif, il faut préciser l'univers de l'enquête, c'est-à-dire les catégories et le nombre de documents à traiter, puis déterminer l'unité de mesure (mots, groupes de mots, types d'objectifs, etc.) et enfin choisir les catégories d'analyse ou les valeurs des variables en fonction desquelles l'information sera répartie. Par la suite, il sera possible d'effectuer un traitement statistique de l'information classifiée en utilisant diverses techniques telles l'analyse de fréquence, l'analyse associative ou encore la sémantique quantitative.

L'analyse de contenu est sans doute l'une des techniques d'analyse de données les plus utilisées en science politique. Elle sert essentiellement à l'analyse du discours des acteurs pour étudier leurs intentions manifestes ou leurs motivations. Elle est également à l'origine de nouvelles techniques pour l'analyse du comportement

---

5. Certains auteurs classent l'analyse de contenu parmi les techniques de collecte de l'information à partir de la constatation que la grille d'analyse de contenu remplit un peu le même rôle que le questionnaire d'entrevue. Tout en ne rejetant pas cette idée, il faut tout de même rappeler le double rôle de la grille d'analyse de contenu qui oriente à la fois la collecte de l'information et l'analyse des données. La collecte de l'information est en fait de l'observation documentaire. L'analyse de contenu est considérée ici comme une technique d'analyse des données parce qu'on insiste surtout sur ses rôles de classification de l'information et de traitement des données qu'oriente déjà la grille d'analyse de contenu.

des acteurs dont, entre autres, en relations internationales, l'analyse événementielle (*Events Data Analysis*).

> La simulation sur ordinateur est une « technique numérique conçue pour réaliser des expériences sur ordinateur à l'aide de modèles décrivant de façon séquentielle le comportement de systèmes réels[6] ».

Si l'analyse qualitative cherche à établir une correspondance entre un modèle verbal et une situation réelle, la simulation sur ordinateur tente plutôt d'établir une correspondance entre un modèle mathématique, transformé en langage informatique, et la même situation réelle. Pour ce faire, le chercheur transforme les expressions verbales en symboles mathématiques qu'il regroupe, sous forme d'équations, en modèle mathématique cohérent et qu'il active afin de vérifier la concordance des équations du modèle de simulation avec les comportements observés empiriquement.

La simulation sur ordinateur est une technique d'analyse qui sera de plus en plus utilisée dans l'avenir. Elle présente plusieurs avantages pour le chercheur, notamment celui d'étudier un problème empirique ou théorique sans référence à des données empiriques. Elle lui permet également de manipuler, dans un environnement soumis à des contrôles, des symboles mathématiques de façon à examiner dans quelles conditions un terme de l'équation peut varier en fonction d'un autre. Cette technique comporte toutefois quelques risques ; en effet, la qualité de ses résultats varie selon la compétence et la prudence de l'utilisateur surtout au moment de la construction du modèle, puisque l'élaboration et l'arrangement des symboles mathématiques résultent des choix personnels du chercheur, lesquels dépendent eux-mêmes de son idéologie et de ses valeurs.

On doit également exercer la plus grande prudence dans l'utilisation même du modèle de simulation dont la capacité de représentation n'est pas illimitée. Il faut être conscient du degré de correspondance possible entre le modèle mathématique et le modèle réel, afin d'éviter les généralisations inappropriées et surtout le danger d'en venir à passer outre à une partie du système réel, donc de l'explication, parce que le modèle mathématique est incapable d'en tenir compte.

---

6. Réjean LANDRY, « La simulation sur ordinateur », dans Benoît Gauthier (sous la direction), *Recherche sociale, de la problématique à la collecte des données*, Sillery, Presses de l'Université du Québec, 1997, p. 419.

Il existe donc différents instruments ou techniques que l'on peut utiliser pour l'analyse des données. Dans le projet de recherche, on n'a pas à appliquer ces techniques, mais on doit indiquer quel instrument sera privilégié lorsque viendra le moment de réaliser la recherche. On doit également y préciser les raisons qui motivent le choix, compte tenu de la nature du problème à traiter, des orientations imposées par le cadre opératoire, de la nature et du degré d'accessibilité des informations requises pour la démonstration et, enfin, des modalités particulières à l'utilisation de chaque instrument.

Quelles précisions faut-il apporter aux modalités d'application de l'instrument d'analyse ?

Il faut préciser et justifier son choix d'instrument d'analyse des données ainsi que les modalités d'application de l'instrument retenu, de façon à savoir comment procéder avant même d'entreprendre la recherche. Ainsi, on clarifie dès le départ la démarche à suivre, on réduit les risques de confusion ultérieure et, surtout, on prévoit et l'on peut imaginer des solutions aux problèmes pratiques qui risquent de se poser au cours de la recherche.

Les modalités d'application sont propres à chaque instrument d'analyse de données et se précisent à mesure que l'instrument se complexifie. Si, par exemple, on choisit de faire appel à l'analyse de contenu, il nous faut préciser et parfois justifier les modalités d'application pour ce qui est de l'échantillonnage, de l'unité de quantification et des catégories d'analyse retenues. Dans le cas de l'analyse de contenu statistique, il faut également préciser et justifier la forme de calcul retenue. Enfin, il est approprié de joindre à cette partie du projet de recherche une copie du protocole ou de la grille d'analyse qui sera utilisée.

. Ces précisions sont essentielles pour le chercheur lui-même, qui ne doit pas attendre d'être rendu à l'étape de la recherche concrète pour se demander comment procéder, car il s'expose alors à des retards considérables qui risquent d'avoir des effets négatifs sur la cohérence de la démonstration. Il lui faut savoir dès le départ comment procéder tant sur le plan de la collecte de l'information que sur celui du traitement des données. Les étapes du projet de recherche étant interreliées, des difficultés trop importantes dans le traitement des données peuvent empêcher la vérification de l'hypothèse. Il se peut aussi que certaines difficultés de fonctionnement à ce niveau obligent le chercheur à modifier légèrement ou substantiellement le cadre opératoire. Et il est certainement préférable de ne pas être rendu trop loin dans la recherche pour le savoir.

Le traitement des données constitue donc une étape centrale du travail de recherche, puisque c'est sur elle que repose ultimement la vérification de l'hypothèse. Il est par conséquent tout à fait normal d'apporter la meilleure attention possible aux choix qui devront être faits à cette étape du projet de recherche.

RÉSUMÉ

1. Le traitement des données est l'une des tâches les plus difficiles du processus de recherche. Il comprend deux étapes principales : la classification de l'information et l'analyse proprement dite des données.

2. La classification de l'information permet de transformer les faits bruts en données. Elle consiste à classer les faits recueillis à l'intérieur de catégories prédéterminées en fonction du cadre opératoire et de l'instrument d'analyse retenu.

3. Le chercheur doit préciser la procédure qu'il retiendra pour effectuer la classification de l'information.

4. Sans un traitement analytique, les catégories de données obtenues ne veulent pas dire grand-chose. Plusieurs techniques ou instruments peuvent être utilisés pour analyser et interpréter les données, dont l'analyse qualitative, l'analyse de contenu, l'analyse statistique et la simulation sur ordinateur.

5. Dans le projet de recherche, le chercheur doit préciser et justifier le choix de l'instrument retenu.

6. Le projet de recherche doit aussi préciser les modalités d'application de l'instrument retenu selon les modes d'utilisation propres à chaque instrument.

Comment déterminer la nature du traitement des données

1. S'assurer d'avoir bien compris les implications du cadre opératoire.

2. Bien connaître la nature de l'information en fonction de laquelle on devra travailler.

3. Déterminer les catégories en fonction desquelles il faudra classifier l'information.

4. S'assurer d'avoir bien compris le type de démarche que supposent les principales techniques d'analyse des données.

5. Choisir la technique d'analyse des données appropriée en fonction des étapes 1, 2 et 4.

6. Justifier son choix et préciser les principaux paramètres en fonction desquels on appliquera la technique retenue pour l'analyse des données.

LECTURES RECOMMANDÉES

Classification de l'information

DESLAURIERS, Jean-Pierre, *Recherche qualitative. Guide pratique*, Montréal, McGraw-Hill, 1991, p. 59-78.

LOUBET DEL BAYLE, Jean-Louis, *Introduction aux méthodes en sciences sociales*, 2ᵉ éd. augmentée, Toulouse, Privat, 1986, p. 124-157.

MANHEIM, Jarol B. et Richard C. RICH, *Empirical Political Analysis, Research Methods in Political Science*, New York, St. Martin's Press, 1981, p. 245-270.

Analyse qualitative

DESLAURIERS, Jean-Pierre, *Recherche qualitative. Guide pratique*, Montréal, McGraw-Hill, 1991, p. 79-105.

GROUPE DE RECHERCHE INTERDISCIPLINAIRE SUR LES MÉ-THODES QUALITATIVES, *La recherche qualitative. Enjeux épistémologiques et méthodologiques*, Montréal, Gaëtan Morin éditeur, 1997.

HUBERMAN, Michael et Matthew MILES, *Analyse des données qualitatives. Recueil de nouvelles méthodes*, Bruxelles, Éditions du renouveau pédagogique, 1991.

MUCCHIELLI, Alex, *Dictionnaire des méthodes qualitatives en sciences humaines et sociales*, Paris, Armand Colin, 1996.

YIN, Robert K., *Case Study Research : Design and Methods*, Newbury Park, Sage Publications, 1989,

Analyse de contenu

GRAWITZ, Madeleine, *Méthodes des sciences sociales*, 10ᵉ édition, Paris, Dalloz, 1996, p. 550-582.

LANDRY, Réjean, « L'analyse de contenu », dans Benoît Gauthier (sous la direction de), *Recherche sociale. De la problématique à la collecte des données*, 3ᵉ éd. revue et augmentée, Québec, Presses de l'Université du Québec, 1998, p. 329-356.

MANHEIM, Jarol B. et Richard C. RICH, *Empirical Political Analysis, Research Methods in Political Science*, New York, St. Martin's Press, 1981, p. 164-165.

QUIVY, Raymond et Luc VAN CAMPENHOUDT, *Manuel de recherche en sciences sociales*, 2ᵉ éd. revue et augmentée, Paris, Dunod, 1995, p. 229-236.

Analyse statistique

CONTANDRIOPOULOS, André-Pierre *et al.*, *Savoir préparer une recherche. La définir, la structurer, la financer*, Montréal, Les Presses de l'Université de Montréal, 1990, p. 84-87.

FOX, William, *Statistiques sociales*, traduit et adapté par Louis M. IMBEAU, Québec, Les Presses de l'Université Laval, 1999.

GRAWITZ, Madeleine, *Méthodes des sciences sociales*, 10ᵉ édition, Paris, Dalloz, 1996, p. 793-828.

MICHAUD, Nelson, *Praxis de la science politique. Une porte ouverte sur les méthodes, les champs et les approches de la discipline*, Québec, Les Presses de l'Université Laval, 1997, p. 109-124.

Simulation par ordinateur

LANDRY, Réjean, « La simulation sur ordinateur », dans Benoît Gauthier (sous la direction de), *Recherche sociale. De la problématique à la collecte des données*, 3e éd. revue et augmentée, Québec, Presses de l'Université du Québec, 1997, p. 431-464.

ÉNONCER DES CONCLUSIONS ANTICIPÉES

À cette étape du travail, il nous reste à énoncer les conclusions anticipées de la recherche, les difficultés et les limites qu'elle comporte et, le cas échéant, les problèmes éthiques qu'elle soulève.

Énoncer les conclusions anticipées

À la fin de la partie traitant du cadre opératoire, nous avons précisé l'orientation des changements de valeur qu'il nous fallait constater pour infirmer ou confirmer l'hypothèse. Depuis, nous avons franchi d'autres étapes qui nous ont permis d'étudier plus en profondeur la nature de l'information disponible et le type de traitement de données à réaliser. Par conséquent, nous possédons maintenant suffisamment d'informations pour anticiper les conclusions de la recherche quant à la vérification de l'hypothèse sur la base de nos connaissances actuelles.

Il nous faut donc énoncer ces conclusions anticipées qui viennent ainsi mettre un terme au développement logique du projet de recherche, car, en précisant les conclusions éventuelles de notre recherche, nous offrons, à nous-mêmes et à d'autres, une indication supplémentaire pour mieux juger de la cohérence et de la portée de ce projet. Nous démontrons également que l'effort initial d'organisation de la recherche est suffisamment structuré pour nous permettre de passer à la phase d'actualisation. Enfin, nous ajoutons un élément de précision pour mieux évaluer notre travail au cours des étapes antérieures du projet de recherche.

Il importe ici de bien comprendre la nature de l'opération. L'énoncé de conclusions anticipées assure et complète le développement logique du projet de recherche, *mais il ne s'agit en aucune façon de conclusions auxquelles il faut absolument aboutir au terme de la recherche.* Ce sont des conclusions plausibles, sur la base de nos connaissances du moment, et seule la recherche terminée pourra nous permettre de déterminer si ces conclusions anticipées sont valides ou non. Du point de vue du processus de recherche lui-même, cela n'a aucune importance que ces conclusions se révèlent vraies ou fausses ; ce qui importe, c'est que les conclusions de la recherche auxquelles nous parviendrons soient appuyées sur une démonstration logique et rigoureuse. Et cela sera d'autant possible que le projet de recherche aura été soigneusement préparé.

En plus d'énoncer des conclusions anticipées, nous devons faire état des limites du projet et des difficultés appréhendées, en particulier en ce qui concerne l'application du cadre opératoire, la collecte de l'information et le traitement des données. Ces difficultés appréhendées ne doivent bien sûr pas être insurmontables, car il ne vaudrait pas la peine alors d'entreprendre la recherche. Mais nous devons quand même envisager que des problèmes puissent surgir à l'une ou l'autre étape. C'est la marque d'un chercheur compétent que de prévoir ces problèmes éventuels, d'en supputer les conséquences et d'imaginer des solutions de rechange. Il faut savoir par exemple que l'inaccessibilité de tel type d'information ou le traitement insuffisant de telles catégories de données peut entraîner une modification du cadre opératoire ou même, à la limite, une reformulation de l'hypothèse. Le projet de recherche doit donc faire état également de ces problèmes éventuels et de leurs implications possibles. Le chercheur doit aussi faire état des limites du projet, c'est-à-dire les difficultés et les problèmes théoriques ou empiriques qui, pour des raisons diverses, ne peuvent être surmontés lors du projet.

Considérations éthiques

Si un projet de recherche s'applique à des sujets humains, il convient de s'assurer que la recherche proposée respecte certaines règles d'éthique. Le chercheur doit, en premier lieu s'assurer qu'il obtiendra le *consentement libre et éclairé des sujets.* Cette règle comporte trois éléments :

◇ s'assurer que le consentement est éclairé, c'est-à-dire que les sujets peuvent décider de participer ou non à une recherche *en toute connaissance de cause.* Pour ce faire, les sujets devront recevoir toute l'information pertinente sur le projet et sur le rôle qu'ils seront appelés à jouer dans des termes qu'ils peuvent comprendre ;

◇ s'assurer que le consentement est libre, ce qui veut dire qu'aucune contrainte ou influence indue n'est exercée sur les sujets, qu'une période raisonnable de réflexion est accordée au sujet, et que les sujets sont informés qu'ils peuvent en tout temps se retirer de la recherche ;

◇ s'assurer que le consentement est clairement exprimé. Le consentement écrit est indispensable lorsque la recherche entraîne des risques (physiques ou moraux) pour le sujet.

Une deuxième règle d'éthique concerne le *respect de la confidentialité et de l'anonymat* des renseignements recueillis. L'anonymat correspond à une situation où le chercheur est incapable de retracer le lien entre l'information recueillie et les individus auxquels elle se rapporte. La confidentialité correspond à une situation où le chercheur peut établir le lien mais s'engage à ne pas le révéler. On ne peut pas toujours garantir l'anonymat des sujets pendant une recherche. Dans ce cas, le chercheur s'assurera que les données d'identification des sujets seront codées (donc rendues anonymes) aussitôt que possible par une équipe aussi peu nombreuse que possible. Par ailleurs, les données d'identification devront être protégées contre le vol, la reproduction ou la diffusion accidentelle. Si la recherche nécessite que les données d'identification soient conservées à long terme, les sujets devront en être informés.

Enfin, le chercheur devra s'attacher à montrer que les *avantages de sa recherche sont supérieurs aux risques* qu'elle entraîne. Les avantages d'une recherche sont liés étroitement à sa pertinence scientifique, à sa rigueur méthodologique et à l'importance des résultats obtenus. Les risques sont les risques connus ou éventuels pour la santé et pour le bien-être des sujets.

RÉSUMÉ

1. Comme complément au développement logique du projet de recherche, il faut préciser les conclusions anticipées de la recherche telles qu'elles figurent à la toute fin du projet. La recherche pourra valider ou invalider ces conclusions anticipées.

2. Il nous faut également faire état des limites et des difficultés éventuelles de la recherche, en évaluer les répercussions sur le travail de vérification à venir et proposer, s'il y a lieu, des solutions de rechange.

3. Enfin, toute recherche qui a trait à des sujets humains devra faire état des précautions prévues pour garantir le respect des règles d'éthique.

Comment énoncer des conclusions anticipées

1. S'assurer d'avoir bien compris les exigences de la démarche de vérification de l'hypothèse.

2. Bien connaître la nature des informations avec lesquelles il nous faudra travailler.

3. Rappeler les objectifs du projet de recherche et comparer les résultats attendus à ces objectifs. Il ne s'agit bien sûr pas de présumer des résultats qui seront effectivement obtenus, mais plutôt de montrer en quoi les résultats de la recherche qu'on projette de faire sont dans le prolongement et confirment ou, au contraire, infirment les résultats d'études antérieures.

4. Souligner la pertinence des résultats et les retombées possibles de la recherche en indiquant les conséquences d'une éventuelle confirmation ou du rejet de l'hypothèse de recherche.

5. Souligner les principales difficultés envisagées quant à la collecte de l'information et au traitement des données tout en proposant des solutions pour que les difficultés anticipées n'empêchent pas la vérification éventuelle de l'hypothèse.

6. Faire état, le cas échéant, des précautions prévues pour garantir le respect des règles d'éthique.

LECTURE RECOMMANDÉE

CONTANDRIOPOULOS, André-Pierre *et al.*, *Savoir préparer une recherche. La définir, la structurer, la financer*, Montréal, Les Presses de l'Université de Montréal, 1990, p. 92-98.

ILLUSTRATION

du traitement des données et de l'énoncé des conclusions anticipées

Titre (rappel)

L'utilisation des sondages d'opinion par les décideurs politiques

Rappel de l'étape précédente

Nous avons choisi d'utiliser deux stratégies complémentaires pour vérifier nos hypothèses de recherche : l'enquête corrélationnelle et l'étude de cas. L'enquête corrélationnelle servira à étudier les variations dans la relation d'accord ou de désaccord entre l'opinion et les politiques sur un grand nombre de cas, en isolant certaines variables d'explication de cette relation. L'étude de cas servira à vérifier la vraisemblance des approches théoriques d'explication de la relation entre l'opinion et les politiques.

Traitement des données d'analyse quantitative

Après avoir isolé et daté tous les sondages ayant trait à une politique précise pendant la période 1993-1999, nous reporterons la direction majoritaire de l'opinion ainsi que le taux de non-réponses dans chaque sondage. Nous associerons ensuite la direction majoritaire de l'opinion sur chaque question de sondage à la direction de la décision gouvernementale sur cette question pendant les douze mois suivant le sondage. Une non-décision sera considérée comme allant dans la direction du *statu quo*. Nous pourrons ainsi déterminer s'il y a accord ou désaccord entre chaque décision gouvernementale et chaque résultat de sondage.

Pour nous assurer que les résultats de sondages et les décisions gouvernementales portent approximativement sur la même période, nous inspecterons les décisions gouvernementales pendant les douze mois suivant chaque sondage. Dans les cas où une même question de sondage a été répétée plusieurs fois dans la même année, nous prendrons la moyenne des résultats pendant l'année pour éviter la possibilité qu'une même question de sondage puisse être à la fois en accord et en désaccord avec une décision du gouvernement.

Nous avons vu à l'étape du cadre opératoire qu'il est nécessaire d'établir un seuil de signification de la direction majoritaire de l'opinion pour tenir compte de la marge d'erreur d'échantillonnage dans les sondages. Nous fixerons cette marge d'erreur à six pour cent, ce qui veut dire que seuls les cas où la différence de pourcentages entre majorité et minorité est égale ou supérieure à six pour cent seront reportés et analysés.

Tests statistiques

Nous effectuerons une série de tests statistiques destinés à établir si les associations postulées entre la variable dépendante et les variables indépendantes du cadre opératoire sont statistiquement significatives ou si elles sont plutôt dues au hasard. Nous procéderons, en particulier, à des tests d'association (Chi-carré) et à des tests de régression.

Traitement et analyse des données qualitatives

Après avoir colligé et daté les résultats de sondages portant sur les interventions récentes de maintien de la paix aux États-Unis, au Canada et dans certains pays d'Europe, nous reporterons la direction majoritaire de l'opinion, les taux de non-réponses, et les taux de changement dans l'opinion pour chaque intervention. Nous retracerons ensuite en détail le processus d'élaboration, d'adoption et de mise en œuvre de chaque intervention dans chacun des pays visés en précisant les acteurs impliqués et les enjeux particuliers à chaque intervention. Nous retracerons aussi les événements marquants entourant chaque intervention et susceptibles d'en orienter le déroulement. L'information documentaire sera ensuite comparée et complétée par les résultats d'entrevues.

La méthode de classement de l'information ainsi colligée sera la prise de notes descriptives, méthodologiques et théoriques. Les notes descriptives serviront à décrire le plus exactement possible le contexte de chaque situation et les comportements des acteurs engagés dans chaque situation. Les notes théoriques nous permettront d'établir des liens entre les phénomènes observés, soit pour vérifier la vraisemblance des hypothèses d'explication qui ont été proposées, soit pour suggérer de nouvelles explications. Les notes méthodologiques permettront de repérer les difficultés d'application du cadre opératoire et d'expliquer, le cas échéant, pourquoi les résultats observés diffèrent des résultats anticipés.

À la différence de l'analyse quantitative qui portera sur la relation de covariation entre la variable dépendante et les variables indépendantes du cadre opératoire, l'analyse qualitative par étude de cas portera avant tout sur les variables intermédiaires et les variables d'effort de mobilisation de l'opinion du cadre opératoire. L'étude de cas prendra la forme d'une analyse synthétique, c'est-à-dire que nous ne nous soucierons pas trop de différencier les variables dépendantes des variables indépendantes.

Énoncé des conclusions anticipées

L'analyse quantitative devrait apporter des éléments de réponses à la première question spécifique de recherche : est-ce que les décisions gouvernementales ont tendance à s'accorder avec les résultats de sondages d'opinion ? L'analyse quantitative nous permettra aussi de mieux cerner certains facteurs d'explication de la relation entre l'opinion et les politiques.

L'analyse par voie d'étude de cas devrait apporter des éléments de réponses aux deux questions supplémentaires que nous avons évoquées au terme de l'étape de la formulation du problème. La première question concerne la relation de causalité entre l'opinion des masses et les décisions des élites gouvernantes. La deuxième question a trait aux raisons qui incitent les décideurs politiques à ne pas tenir compte de l'opinion publique, soit parce qu'ils interprètent mal les sondages d'opinion, soit parce qu'ils préfèrent utiliser d'autres sources d'information que les sondages pour construire leur interprétation de l'opinion.

Limites de l'étude

La contribution des résultats de sondages au maintien de la démocratie est une question complexe qui comporte de nombreuses facettes aussi bien théoriques qu'empiriques. Nous avons choisi de traiter seulement un aspect du problème (à savoir l'utilisation des résultats de sondages par les décideurs politiques) parce qu'il nous semble important et pertinent. Notre projet de recherche comporte donc des limites. Ainsi, nous avons passé sous silence les questions ayant trait, par exemple, à la fabrication et à l'interprétation scientifique des sondages d'opinion ou à leur contribution à la politisation des débats. Une autre limite tient au fait que nous avons postulé que l'opinion publique est une force collectivement rationnelle, donc raisonnable. Ce postulat n'est pas forcément partagé par tous les chercheurs qui s'intéressent à l'opinion publique. Certains observateurs (minoritaires, il faut le préciser) pensent en effet que l'opinion publique est trop changeante et irrationnelle pour mériter qu'on étudie son influence potentielle sur les comportements des décideurs politiques. La question de savoir si l'opinion publique est rationnelle ou non soulève d'intéressants débats théoriques. Ces débats nous entraîneraient trop loin de notre objet de recherche, c'est pourquoi nous avons choisi de ne pas les évoquer.

Considérations éthiques

Le projet de recherche comporte des entrevues auprès des décideurs politiques. Avant de procéder à ces entrevues, nous ferons le nécessaire pour nous assurer que nous obtiendrons le consentement libre et éclairé des sujets et pour garantir le respect de la confidentialité et de l'anonymat des renseignements recueillis. Nous joignons en annexe à ce propos un formulaire de consentement qui sera remis au répondant avant chaque entrevue.

(Annexe à l'illustration de l'énoncé des conclusions anticipées)

FORMULAIRE DE CONSENTEMENT

Entente quant à la participation à une recherche sur l'opinion publique et les politiques publiques

Je soussigné(e) _____ consens librement à participer à la recherche intitulée « L'utilisation des résultats de sondages par les décideurs politiques ». La recherche a pour but de mieux comprendre le rôle de l'opinion publique dans l'élaboration des politiques publiques et, en particulier, de démêler les effets de mobilisation de l'opinion publique des effets de déférence à l'opinion publique par les décideurs politiques. L'étude se base, entre autres, sur des entrevues semi-dirigées d'une heure environ auprès d'un échantillon de décideurs politiques.

Chaque entrevue comprend les éléments suivants :

- Information sur les répondants(es) ;

- Attitudes et commentaires des répondants sur les utilisations possibles des résultats de sondages d'opinion par les décideurs politiques ;

- Description des activités et interventions et identification des acteurs et processus pertinents à la question de recherche.

Consentement libre et éclairé des sujets. Les participant(e)s pourront en tout temps se retirer de cette recherche. Les sujets recevront toute l'information pertinente sur le projet. Une période raisonnable de réflexion leur sera accordée.

Respect de la confidentialité et de l'anonymat des informations recueillies. Les noms des participant(e)s ne paraîtront sur aucun rapport. Les données d'identification des sujets seront codées aussitôt que possible par une équipe aussi peu nombreuse que possible. Ces données seront protégées contre les risques de reproduction ou de diffusion accidentelle.

Il n'y a aucun risque lié à la participation à cette recherche, d'autant plus que la confidentialité des réponses est assurée.

Les résultats de la recherche seront diffusés dans les médias d'information et auprès d'audiences non académiques, y compris les organismes de recherche sur les sondages et les responsables politiques fédéraux et provinciaux.

Un rapport final sera remis à l'organisme subventionnaire. Les résultats de recherche seront expédiés à chaque endroit de travail où des sujets auront participé.

Cette recherche est faite sous la direction de _____ à qui toute plainte ou critique pourra être adressée.

Lu et signé le _____.

CONCLUSION

À des fins pédagogiques, nous avons décortiqué le processus préparatoire à la recherche. Nous avons ainsi commenté certaines étapes et cette façon de procéder a pu laisser l'impression d'une évolution linéaire à l'intérieur du processus de recherche. S'il était nécessaire d'agir ainsi pour bien faire comprendre chaque étape du projet de recherche, il faut cependant être conscient que cela ne se passe pas de cette façon dans la réalité. L'activité de recherche fait en sorte que les étapes du processus se chevauchent. Ainsi, on commence d'abord par formuler un problème et énoncer une hypothèse, mais les opérations réalisées pour déterminer les instruments de collecte de l'information et de traitement des données nous amènent souvent à modifier la formulation du problème ou la structure du cadre opératoire. Ces modifications peuvent entraîner à leur tour des réaménagements de la stratégie de vérification ou du traitement des données conduisant à la formulation de nouvelles conclusions anticipées.

Le processus de recherche sur un objet ou un phénomène donné n'est donc jamais complètement terminé, même lorsqu'on présente son rapport de recherche. Nous ne connaîtrons jamais parfaitement ce qui est extérieur parce que notre instrument de travail, le mode de connaissance scientifique, demeurera toujours, comme tous les autres instruments de ce type, un outil imparfait. Il ne faut pas s'en détourner pour autant, mais plutôt l'utiliser à l'intérieur de ses limites pour poursuivre cette quête infinie visant à réduire le plus possible, sans pouvoir l'éliminer complètement, l'écart entre la réalité et la connaissance que nous pouvons en avoir.

La connaissance scientifique ne peut pas progresser dans la confusion, sauf peut-être au moment des grandes ruptures épistémologiques qui permettent l'émergence de nouveaux paradigmes. Mais en temps normal la recherche scientifique doit être organisée et méthodique ; elle doit éviter l'à-peu-près et structurer son propos. Et l'instrument pour y parvenir, peut-être le meilleur, est le projet de recherche.

Le projet de recherche est beaucoup plus qu'un plan de travail, c'est un outil de construction logique du travail de recherche, une séquence logique au moyen de laquelle on structure le lien entre les questions initiales de la recherche, le traitement empirique des données et les conclusions de cette recherche. C'est un schéma d'action qui indique comment franchir un certain nombre d'étapes pour aller du point de départ au point d'arrivée du processus de recherche. En ce sens, le projet est un outil organisateur non seulement du travail, mais aussi de la pensée à propos de ce travail.

Plusieurs étudiants ont déjà eu l'occasion d'apprécier l'importance croissante du projet de recherche à mesure qu'ils progressaient dans leurs études universitaires. C'est un instrument dont le rôle est déjà perceptible lorsque vient le moment d'entreprendre un travail long. Mais ses principaux avantages se font sentir encore plus au moment de la structuration du mémoire de maîtrise et de la thèse de doctorat. À ce niveau, c'est souvent ce qui fait la différence entre un travail réussi et un travail raté ou seulement passable. Ce qui, naturellement, n'est pas sans conséquences sur le marché du travail, dans la mesure où la façon dont nous avons appris à travailler influe directement sur l'accès à ce marché ainsi que sur la progression d'une personne dans un corps d'emploi donné.

Le projet de recherche n'est pas un exercice que l'on réalise rapidement et sans effort. Il faut y mettre le temps, faire preuve de détermination et ne pas craindre de recommencer certaines parties qui ne nous semblent pas satisfaisantes au premier abord. Nous croyons cependant que l'effort en vaut la peine.

BIBLIOGRAPHIE

AKTOUF, Omar, *Méthodologie des sciences sociales et approche qualitative des organisations*, Sillery, Presses de l'Université du Québec/Presses H.E.C, 1990.

BIZE, P. R., P. GOGUELIN et R. CARPENTIER, *Le penser efficace, tome II, La problématique*, Paris, Société d'édition d'enseignement supérieur, 1967.

CONTANDRIOPOULOS, André-Pierre *et al.*, *Savoir préparer une recherche, la définir, la structurer, la financer*, Montréal, Les Presses de l'Université de Montréal, 1990.

DÉPARTEMENT DE SCIENCE POLITIQUE, Guide pour la présentation des travaux de recherche, Québec, Laboratoire d'études politiques et administratives de l'Université Laval, 1985.

DESLAURIERS, Jean-Pierre, *Recherche qualitative. Guide pratique*, Montréal, McGraw-Hill, 1991, p. 33-41.

FOX, William, *Statistiques sociales*, traduit et adapté par Louis M. IMBEAU, Québec, Les Presses de l'Université Laval, Bruxelles, De Boek, 1999.

GAUTHIER, Benoît (sous la direction), *Recherche sociale. De la problématique à la collecte des données*, 3e éd. revue et augmentée, Québec, Presses de l'Université du Québec, 1997.

GRAWITZ, Madeleine, *Méthodes des sciences sociales*, 10e édition, Paris, Dalloz, 1996.

GROUPE DE RECHERCHE INTERDISCIPLINAIRE SUR LES MÉ-THODES QUALITATIVES, *La recherche qualitative. Enjeux épistémologiques et méthodologiques*, Montréal, Gaëtan Morin éditeur, 1997.

HUBERMAN, Michael et Matthew MILES, *Analyse des données qualitatives: Recueil de nouvelles méthodes*, Bruxelles, Éditions du renouveau pédagogique, 1991.

JOHNSON, Janet B. et Richard A. JOSLIN, *Political Science Research Methods*, Washington, CQ Press, 1986.

JONES, R.A., *Méthodes de recherche en sciences humaines*, traduction et adaptation de la 2ᵉ édition américaine par N. Burney et O. Servais, avec la collaboration de F. Vanderdope, Bruxelles, De Boek, 2000.

LENOBLE-PINSON, M., *La rédaction scientifique. Conception, rédaction, présentation signalétique*, Bruxelles, De Boek, 1996.

LESSARD-HÉBERT, M., G. GOYETTE et G. BOUTIN, *La recherche qualitative. Fondements et pratiques*, Bruxelles, De Boek, 1997.

LOUBET DEL BAYLE, Jean-Louis, *Introduction aux méthodes en sciences sociales*, 2ᵉ éd. augmentée, Toulouse, Privat, 1986.

MANHEIM, Jarol B. et Richard C. RICH, *Empirical Political Analysis, Research Methods in Political Science*, New York, St. Martin's Press, 1981.

MICHAUD, Nelson, *Praxis de la science politique. Une porte ouverte sur les méthodes, les champs et les approches de la discipline*, Québec, Les Presses de l'Université Laval, 1997.

MUCCHIELLI, Alex, *Dictionnaire des méthodes qualitatives en sciences humaines et sociales*, Paris, Armand Colin, 1996.

PIRET, A., NIZET et E. BOURGEOIS, *L'analyse structurale. Une méthode d'analyse de contenu pour les sciences humaines*, Bruxelles, De Boek, 1996.

QUIVY, Raymond et Luc VAN CAMPENHOUDT, *Manuel de recherche en sciences sociales*, 2ᵉ éd. revue et augmentée, Paris, Dunod, 1995.

YIN, Robert K., *Case Study Research: Design and Methods*, Newbury Park, Sage Publications, 1989.